2014年度贵州省哲学社会科学规划课题青年项目"贵州摩崖石刻的图像学研究"
（项目编号：14GZQN18）

贵州摩崖石刻的图像学研究

常亚恒◎著

中国纺织出版社有限公司

内 容 提 要

贵州摩崖石刻数量多、分布广，为我们认识贵州地区的造像特征、书法艺术、军事交通等历史文化提供了丰富的图像、文字史料。本书主要将摩崖石刻分为造像、题刻、碑刻及岩画四个类别。造像部分对望仙台石窟、两会水寺石窟、葫市造像与石鹅咀摩崖造像进行了分析。题刻与碑刻部分主要就其背后的风土人情、交通等内容进行了阐释。岩画部分主要对图像进行了解析，同时结合图像就相关问题进行了探讨。

本书适合艺术类专业师生及相关研究者使用。

图书在版编目（CIP）数据

贵州摩崖石刻的图像学研究 / 常亚恒著 . -- 北京：中国纺织出版社有限公司，2020.11
ISBN 978-7-5180-7926-1

Ⅰ.①贵… Ⅱ.①常… Ⅲ.①摩崖石刻－图像－研究－贵州 Ⅳ.① K877.494

中国版本图书馆 CIP 数据核字（2020）第 184035 号

责任编辑：华长印　　特约编辑：石鑫鑫　刘美汝
责任校对：江思飞　　责任印制：何　建

中国纺织出版社有限公司出版发行
地址：北京市朝阳区百子湾东里 A407 号楼　邮政编码：100124
销售电话：010—67004422　传真：010—87155801
http://www.c-textilep.com
中国纺织出版社天猫旗舰店
官方微博 http://weibo.com/2119887771
北京华联印刷有限公司印刷　各地新华书店经销
2020 年 11 月第 1 版第 1 次印刷
开本：710×1000　1/16　印张：9.5
字数：120 千字　定价：98.00 元

凡购本书，如有缺页、倒页、脱页，由本社图书营销中心调换

序

　　关于序，思考多日，仍感无从下手。没想过自己能够出书，也从没有过写序的经验。本想就此打住，可转念一想，序可有无，可以请人写，也可以自序，既然这样，就索性说几句。

　　课题的研究工作主要围绕着贵州地区的摩崖石刻展开，前期主要进行田野考察收集相关资料，撰写过程中将摩崖石刻进行了分类整理。造像主要涉及望仙台石窟、两会水寺石窟、葫市摩崖造像与石鹅咀摩崖造像，针对造像的图像、身份、石窟的设计意涵及其他相关问题进行了探讨；题刻和碑刻部分主要针对碑刻的内容、特点与价值进行了述析；岩画主要就其族属问题、图像、岩画的艺术特征、发现与保护等方面进行了分析。

　　本书初稿完成后，深感摩崖石刻还有进一步研究的必要，后来笔者又实地"回看"研究中的摩崖石刻，又收集到了一些新的文字和图像资料，另外自己与同事在调研其他项目的时候，又多次接触到许多新的摩崖石刻，并就部分问题产生了新的认识和看法。在此基础上，对本书的内容略做补充和修改。

　　从本书的成因和研究过程来看，此书是值得一看的。

常亚恒

2020.8.1

目录 CONTENTS

第一章　绪论 /001

　　第一节　研究背景 /002
　　第二节　研究综述 /004
　　第三节　研究思路、内容、方法 /008
　　第四节　相关概念的阐释与研究范畴 /010

第二章　贵州摩崖石刻概述 /013

　　第一节　贵州摩崖石刻分类 /014
　　第二节　贵州摩崖石刻地域分布 /016
　　本章小结 /020

第三章　习水望仙台石窟造像 /021

　　第一节　望仙台石窟基本情况 /022
　　第二节　望仙台石窟造像图像分析 /023
　　第三节　三尊佛身份略考 /029
　　第四节　望仙台石窟的设计意涵 /031
　　本章小结 /032

第四章　赤水地区石窟摩崖造像　　/033

第一节　两会水寺石窟造像综合分析　　/034
第二节　两会水寺石窟造像相关问题考辨　　/039
第三节　葫市摩崖造像内容与文化内涵　　/046
第四节　石鹅咀摩崖造像及其相关问题探讨　　/054
本章小结　　/059

第五章　石崖之书——题刻与碑刻　　/061

第一节　题刻内容分类与意涵　　/062
第二节　碑刻内容分类与意涵　　/090
第三节　题刻和碑刻价值述析　　/114
本章小结　　/116

第六章　崖壁丹青——岩画　　/119

第一节　岩画图像分析　　/120
第二节　相关问题探讨　　/135
第三节　岩画的艺术特征　　/137
第四节　发现与保护　　/139
本章小结　　/140

结　语　　/141

附录：考察列表　　/143

后　记　　/145

第一章 绪论

第一节　研究背景

摩崖石刻主要是指在崖壁上镌刻而成的图画、文字等内容，具体又可分为题刻、造像、岩画等。摩崖石刻在我国的历史颇为悠久，最早可追溯到原始社会先民在崖壁上题刻的岩画。现今在新疆、河南、山东、宁夏、广西、青海、内蒙古等地发现的大量岩画遗迹，题材内容之丰富，为深入了解古代社会风貌提供了重要资料。摩崖石刻集历史、文化、艺术等价值于一体，在我国不仅涉及地域范围广、数量多，表现内容也十分丰富，包括经济、交通、征战、娱乐等生产生活的各个方面。作为一种记事方式，它直接或间接地反映了不同时期人们在经济生活、思想意识、审美取向等方面所形成的精神风貌，作为一种文化符号，其自身承载并延续着所处时代的生活图景，蕴含着深厚的历史信息。摩崖石刻以岩石为载体题刻的不仅是文字和图案，也是活生生的历史。透过石刻上丰富的图像内容，为我们认识古代社会结构、生产方式、生活习俗提供了重要依据。近年来，随着中国古代物质文化遗产研究的持续推进，摩崖石刻因其自身具有的历史、文化、艺术等多重价值，日益成为学者研究关注的重点。

贵州省地处中国西南腹地，崖壁与山洞较多，其独特的喀斯特地貌特征为造像、题刻及岩画创作提供了得天独厚的自然条件。贵州摩崖石刻遗存丰厚，数量可观，其中收录在《中国文物地图集·贵州分册》一书中的摩崖石刻就多达千余处。贵州摩崖石刻从旧石器时代一直到明清时期陆续镌刻，形成了一定的历史脉络。贵州摩崖石刻分布广泛，省会贵阳、黔北地区的遵义、黔西南的六枝等地区均有遗存。从地形环境上看，贵州摩崖石刻又具有或临近北盘江、红水河为代表的珠江流域；或集中于赤水河、乌江和沅江为代表的长江流域；抑或位于边远山区，题材内容涉及人物、动物、植物、文字等，这些图像风格独树一帜，是贵州古代人民社会生活的缩影和精神写照。

第一章 绪论

摩崖石刻作为贵州最重要的历史文化遗产，它并非独立存在，而是在特定文化的氛围和熏陶下延续并被传承下来的。摩崖石刻的图文内容不仅为我们认识贵州地区石刻的技法特点、书法风格及历史事件提供了丰富的史料，而且也为研究区域间的文化交流提供了不可或缺的实物资料。然而在审视这批材料的同时，现存的摩崖石刻也面临着诸多问题：崖壁上的文字、造像、图案由于自然风蚀以及人为破坏，在不同程度上受到了损坏，岩画图像剥落、造像残缺、文字风化等现象屡见不鲜，作为历史文物，贵州摩崖石刻亟待加强保护。如葫市摩崖造像不但被人为涂抹成黑色，多数造像的身体亦有受到破坏。其中，有一尊造像受损最为严重，头部已从原有身体上分离出来，并被丢置在崖壁的平台上。此外，在部分文字石刻和岩画的壁面上，还出现依照图形对其深凿或者用油漆将其刷新的痕迹。凡此种种不恰当的方式不仅不利于文物的保存，更为未来的研究工作造成了困难。因此，本研究既是出于对历史文化遗产深入挖掘的必要，也是鉴于对文物再认识进行的充分考量。通过对贵州摩崖石刻的宏观观照和微观分析，在前贤研究学者的基础上尝试对贵州摩崖石刻进行系统地研究，试图揭示其蕴含的地域特征和历史语义。

本研究以实地调查为基础，主要运用图像学的方法对贵州摩崖石刻进行分类分析，探讨摩崖石刻有关造像、文字题刻、岩画所具有的艺术特点。在研究过程中，为了能够对摩崖石刻有较为深入、详细的了解，首先要做好资料的收集整理工作。同时，依据摩崖石刻的内容与制作形式，做好归类整理，进而从中掌握摩崖石刻地域分布特点。在此基础上，通过回归历史原境对贵州摩崖石刻的艺术特征、图像语言、历史内涵等问题的探讨，有利于推动贵州历史文物及其艺术研究的深入，其研究成果有助于拓宽贵州古代社会史的研究维度。

基于贵州摩崖石刻分布广、数量多的特点，这就要求对研究材料不能片面化地理解，应尽可能系统、整体性地分析。由于摩崖石刻包含的种类较多，在研究过程中做好分类整理工作显得十分有必要，它是进行深入研究的前提。因此，本研究将摩崖石刻分为造像、题刻、碑刻和岩画四个部分阐述，并依据贵州现存摩崖石刻的题材内容与石刻技艺进行分类，以便更好地了解各类石刻的特点。对摩崖石刻进行针对性的研究，有助于建立同贵州以外地区摩崖石刻分析比较的系谱，进而为了解贵州摩崖石刻与其他地区摩崖石刻在文化、技艺上存在的关联提供借鉴。诸如贵州摩崖造像在风格上与四川地区的造像是否存在一致，如果一致，那么两者间是怎样的传承关系。虽然早期也有学者对摩崖石刻作了相关研究，但针对贵州摩崖石刻的研究相对薄弱，而且研究方法相对单一化。用什么方法能够对贵州摩崖石刻作更为深入的分析研究，进而挖掘出摩崖石刻背后的文化价值，是后进学者亟待解决的问题。上述问题的探讨对我们研究贵州地区的造像技艺、交通、书法等方面都起着至关重要的作用，也是本书研究的重点。

本书以图像学、风格分析等方法，对贵州摩崖石刻进行研究。通过资料的调查、收集、整理和分类，对造像、题刻、碑刻与岩画展开相关的理论研究，从而挖掘贵州摩崖石刻背后蕴含的历史文化价值。

第二节 研究综述

一、研究现状

相较于中国其他地区丰硕的摩崖石刻研究成果，贵州摩崖石刻的研究起步较晚，自20世纪80年代开始进入研究者的视野。从目前的成果来看，国外少有针对性的研究，而国内多集中在考古学、历史学等领域，主要涉及造像释读、题刻解读、岩画解析等方面，产生了一些具有代表性的研究著作。《中国西南地区历代石刻汇编·贵州卷》一书作为较早的一部研究贵州石刻的著述，对贵州石刻的历史、分布、特征进行了理论探讨和论述，对于研究贵州摩崖石刻的历史发展脉络提供了文献参考资料；《黔东南文物志》一书将摩崖石刻的分布、历史及其特点进行了论述，对于研究贵州黔东南州地区的摩崖石刻提供了参考；

在摩崖造像的研究上，王路平的《贵州佛教史》是一部研究贵州佛教文化的重要书籍，该书记录了贵州地区有关佛教摩崖造像的概况并进行了简要分析，对研究贵州佛教摩崖造像艺术提供了理论指导；《中国石窟雕塑全集》一书，不仅对中国石窟造像、题刻的分布特点做了分析，而且也研究了这些石窟文化变迁的特点。值得注意的是该书还对中国各地的造像题材、风格特点进行了对比，更为可喜的是贵州当地的佛教造像图像资料也被收录在内，这些为此后学者们研究贵州佛教造像艺术，提供了可靠翔实的文字与图像资料。在题刻与碑刻的研究上，王龙在《钱邦芑与他山摩崖》一文中论述了贵州他山摩崖的历史背景及石刻内容；刘学洙在《千里乌江百块碑》一文中论述了贵州乌江两岸碑刻的历史及其特征。上述成果对于本研究深入探讨造像、题刻、碑刻的艺术特征和思想内涵，在思路和方法上提供了一定的借鉴。值得注意的是，有关贵州摩崖石刻的研究除以上所述之外，尤以岩画的讨论最为广泛，成果颇丰，具体包括以下几个方面。

1. 考古学视角

主要涉及对岩画的年代、图像、族属等问题。如黄泗亭在《贵州习水县发现的蜀汉岩墓和摩崖题记及岩画》一文中从考古学的角度对贵州习水县摩崖题记进行了详细论述；王海平在《开阳崖画的年代和族属试探》一文中对贵州开阳画马崖岩画的年代和族属进行了初步探析；曹波在《贵州龙里巫山岩画人物图考释》一文中以贵州龙里巫山岩画人物图像为研究对象，对人物图像中的舞蹈图进行了详细的分析和解读，初步推断巫山岩画的年代应在两汉抑或更早；李飞《试论贵州龙里巫山岩画》一文中对龙里巫山岩画所见人物装饰、牛马图形进行了详细分析，并将其与云南沧源岩画、它克岩画、广西左江岩画、四川珙县岩画进行了比较，认为巫山岩画的年代应与沧源和左江岩画接近。

2. 历史学视角

主要结合文献资料，论述岩画图像反映的历史信息。如傅责中先生在《关岭花江岩画与宋代市马》一文中根据关岭花江岩画的图像内容，结合文献史料，认为壁面所描绘的是南宋时期西提举入境罗殿国购买蛮马的历史史实；吴正光在《茶马古道线路觅遗踪——贵州岩画上的马文化研究》一文中通过对贵州岩画有关马匹图像的分析，论述了贵州高原马文化的历史渊源。

3. 保护和开发的视角

主要侧重于对岩画的保护与合理开发的探讨。李浩、彭小娟在《贵州岩画资源的保护现状调查研究》一文中对贵州岩画资源进行调查并从中发现其损坏的缘由，提出了相关保护的策略；何建华在《贵州岩画艺术及其旅游开发》对岩画的艺术特色进行了分析探讨，提出了对贵州地区岩画进行开发的建议。

4. 综合分析的视角

着重从历史学、民族学、人类学等视域对岩画进行多角度的综合分析和解读。罗晓明、王良范在《山崖上的图像叙事——贵州古代岩画的文化释读》一书中，从历史学、人类学、考古学的综合视角，对贵州岩画的图案进行了识别与考释，并就岩画绘制的年代、族属、文化功能等问题进行了推测，此书对于研究贵州岩画艺术提供了重要的理论参考；游前声、曹波编著的《贵州岩画》一书，将贵州地区的岩画做简要介绍，对了解贵州岩画的基本面貌具有参考价值；吴正光在《贵州的崖文化》一文中，对贵州摩崖概况进行了简要阐述；王良范、罗晓明在《贵州古代岩画探幽——开阳"画马岩"考察手记》《岩石上的文化和历史》《崖壁上的文化影像——关岭古岩画考察与初步探索》《贵州岩画的文化学释义》《贵州岩画的再发现——龙里巫山大岩脚岩画群初探》和《贵州古代岩画研究——图像识别与考释》等文章中分别对开阳"画马岩"、关岭古岩画、龙里巫山大岩脚岩画群等贵州古代岩画的人文、自然环境、符号等方面进行了分析及解读；王天禄在《龙里巫山岩画调查记》一文中对现存的岩画图像作了相关解释，指出了岩画的研究价值，并对岩画旅游开发的问题提出了见解。

通过对上述学术史的梳理，学者们前期的研究、图录出版资料的补充为本研究的进行奠定了必不可少的基础。然而，目前有关贵州摩崖石刻的相关研究还处在基础性的探索阶段，相关研究多侧重在贵州岩画领域的研究，而对于造像、题刻等方面的研究仍处于表层性的理论探讨，尤其是在图像的辨识、功能以及内涵等问题上仍有待于深入的讨论，因此尚有进一步研究的必要和空间。

综上所述，贵州摩崖石刻的图像学研究，是一个系统性、整体性的研究，摩崖石刻背后的文化价值，理应进行深入探讨。本书在广泛汲取国内外优秀研究成果的基础上，对贵州摩崖石刻展开研究，希望能够推动研究的深入，以便挖掘其背后所蕴含的文化内涵。

二、研究目的和意义

本课题的研究目的主要包含两个方面：一方面，通过对贵州摩崖石刻进行图像学分析和研究，旨在对贵州地区的造像、题刻、碑刻和岩画进行较为深入的了解，在此基础上能更好地认识其独特的艺术魅力；另一方面，本课题在借助前人研究成果的基础上，对贵州摩崖石刻分类分析，并进行图像学解读，从中挖掘出摩崖石刻蕴含的文化内涵，进而促进学界对贵州摩崖石刻研究的深入。同时课题依据田野调查所收集到的相关资料，结合现状指出现存摩崖石刻所面临的问题，试图为贵州摩崖石刻的保护与旅游开发提供翔实的动态信息。

本课题的研究意义主要有三：其一，摩崖石刻是贵州最为重要的古代物质文化遗产之一，可直接获取的材料分布广、数量多。一方面，对摩崖石刻的系统研究有利于提高国内外学者的关注，推进贵州摩崖石刻研究的深入；另一方面，对贵州摩崖石刻的分类研究，能够更清晰地了解贵州地区造像、题刻、碑刻及岩画的特点，有助于明晰贵州摩崖石刻在整个中国摩崖石刻历史中所具有的特殊地位和价值。通过图像学的方法进行研究，其研究成果有助于弥补摩崖石刻研究的不足，对完善贵州摩崖造像的理论体系具有一定的借鉴价值。其二，在实地考察中不单单进行实物原始资料的收集，更注重对摩崖石刻所属区域的自然、人文、历史等材料的收集。力求全面、系统、真实地透视摩崖石刻具有的丰富内涵，对贵州古代物质文化研究是有益的补充。其三，摩崖石刻是黔地一项重要的历史文化遗产，集文字、艺术、历史于一体，蕴藏了社会生产、生活、信仰等重要史实。对贵州摩崖石刻进行综合研究有助于拓宽贵州物质文化史的研究维度，为系统、全面地认识贵州摩崖石刻提供新的理论参考。

第三节　研究思路、内容、方法

一、研究思路

有关贵州摩崖石刻的研究，大多数学者多集中于岩画的探讨，对于其他石刻形态的研究涉及较少。结合现有成果来看，有关贵州摩崖石刻宏观的整体性研究略显不足。本研究以地处黔地的摩崖石刻为研究对象，以实地调查所获材料为依据，区域历史文化为研究进路，以揭示摩崖石刻的图像内涵为研究目标。通过实地调查，建立第一手资料，对贵州摩崖石刻的类型和分布情况作一个全景式现状扫描；然后以此为基础进行分类分析，通过对造像、题刻、碑刻、岩画进行个案式的解读和图像辨析，揭示贵州摩崖石刻的时代语境，并探寻背后蕴藏的图像特征、文化内涵等内容，希望借助相关问题的探讨，推动贵州摩崖石刻研究的深入。

二、研究内容

关于贵州摩崖石刻的图像学研究主要分为六个部分。

第一，绪论部分：主要对研究背景、现状、思路、内容、方法、相关概念的阐释、研究范畴等进行论述和交代；第二，贵州摩崖石刻概述：这一章节里面主要对贵州地区摩崖石刻进行一个简要的叙述，依据收集到的相关资料，对摩崖石刻进行分类整理，以便于全面地认识研究对象，进而对摩崖石刻的分布情况作一介绍，为下文的研究作好铺垫；第三，习水望仙台石窟造像：该部分主要分为望仙台石窟基本情况、望仙台石窟造像图像分析、三尊佛身份略考以及望仙台石窟的设计意涵四个部分，在对望仙台石窟造像有一个宏观认识的基础上,针对其中佛像的身份问题展开分析,探讨造像背后蕴含的区域文化特点及时代特点;第四,赤水地区石窟摩崖造像:这一部分包含两会水寺石窟造像、葫市摩崖造像与石鹅咀摩崖造像,由于这三处造像同属赤水地区,将其并于一处而论,希望从中了解到赤水地区早期人口的流动、文化的互动及造像技艺特征;第五,石崖之书——题刻与碑刻:这一部分主要从题刻的内容与意涵、碑刻的内容与意涵进行论述,并进一步阐述其具有的价值;第六,崖壁丹青——岩画:这一部分主要从岩画图像分析、相关问题探讨、岩画的艺术特征及发现与保护四个方面来进行分析研究,在借助新资料及前人研究成果的基础上,提出自己的见解。

三、研究方法

在掌握大量相关资料后,本课题采用的研究方法陈述如下:

1. 文献研究法

搜集与课题相关的文献资料,尤其注意收集并利用贵州地方史志、人物传记等资料,并对资料分类、整理以及进行客观正确的述评,为整个研究奠定坚实的文献基础和理论基础。此外,借助文献资料,通过图文互证以便全面的理解研究对象,使论证更具说服力。

2. 图像学

本课题采用图像学为主要方法,解读贵州摩崖石刻的内容及特征,进而揭示贵州摩崖石刻背后的文化内涵及艺术价值,力图以最近的距离窥视历史原境。

3. 比较分析法

由于贵州摩崖石刻的历史成因涉及范围较广,尤其是造像部分,在风格样式上也受到了其他区域文化的影响。诸如两会水寺石窟造像的风格特征与四川、重庆等地的造像风格存在着某种联系,这就要求我们在题材、内容、风格的研究过程中应要与其他地区的造像艺术进行横向和纵向的比较分析,从而为厘清摩崖石刻在黔地的发展理路奠定研究基础。

4. 田野考察法

课题不但对贵州地区的摩崖石刻进行田野考察，同时也对周边省份的造像进行了考察。通过图片信息采集、实物测量、数据统计等工作，以求最大可能地掌握第一手资料，保证研究材料的可靠，为深入研究相关问题奠定基础。

5. 跨学科综合研究法

贵州摩崖石刻的图像学研究是多学科间的相互交叉。在研究的过程中，不仅需要注意利用相关研究成果进行学术梳理。也要从考古学、民族学、宗教学、文化史学等多角度、多方面综合论证，进而为揭示贵州摩崖石刻所具有的历史内涵提供理论支撑。

第四节 相关概念的阐释与研究范畴

一、相关概念的阐释

本书研究的主题是"贵州摩崖石刻的图像学研究"，故而中心词主要界定为："摩崖""石刻""图像学"，以下将围绕其核心内容作一阐释。

1. 摩崖

摩崖，亦作"摩厓"，山崖。多指在山崖石壁上所刻的诗文、佛像等。关于摩崖，古籍著述、前贤学者多有阐述。《宣和书谱·正书一》："遂良（褚遂良）喜作正书，其摩崖碑在西洛龙门。"清代冯云鹏《金石索·石索五》："北齐王子椿徂来山摩崖，在泰安縣徂来山映佛巌。"鲁迅《书信集·致台静农》："我陆续曾收得汉石画像一箧，初拟全印，不问完或残，使其如图目，分类为：一、摩厓；二、阙，门；三、石室，堂；四、残杂。"❶马衡在《凡将斋金石丛稿·中

---

❶ 汉语大词典编辑委员会汉语大词典编纂处.汉语大词典(第六卷)[M].上海:汉语大词典出版社,1990:824.

国金石学概要》中则解释为"摩崖者,刻于崖壁者也,故曰天然之石。"❶徐自强、吴梦麟《古代石刻通论》则认为:"所谓摩崖,是指利用天然的石壁以刻文记事的石刻,所以,有人又称之为'天然之石',为刻石的一种。"❷通过以上文献可知,摩崖是一种将图画或文字镌刻在天然岩石或崖壁上的艺术形式。

2. 石刻

所谓石刻,一般指刻有文字、图画的碑或石壁。亦有镌雕石制品之称❸。关于石刻,不少文献中有颇丰的记录,《史记·秦始皇本纪》曾记:"作琅邪台,立石刻,颂秦德,明得意。"宋代黄庭坚《书磨崖碑后》:"平生半世看墨本,摩挲石刻鬓成丝。"清代王士禛《池北偶谈·谈艺皿·读书台》:"济南近有人耕田间,掘得'读书台'三字石刻。"除古籍文献记录之外,中国古代石刻遗存也非常丰厚,多数省区都有石刻遗迹,不仅种类繁多,而且雕刻技法多样。作为信息记录的一种特殊方式,石刻对揭示社会历史信息、书法特点及其图像艺术等内容皆具有重要的学术价值和史料价值。

综上所述,摩崖石刻作为记载相关事迹的一种文化载体,多指人为地在崖壁上进行的造像、刻字、绘画等相关活动。在这些活动中有的是群体性创作,这类摩崖石刻表现的内容较丰富,形式也多样;也有部分摩崖石刻属于个人创作,多用于表达创作者自己的情怀。

3. 图像学

为了对贵州摩崖石刻进行系统的研究,在研究的过程中,主要运用图像学的理论来进行阐释。自20世纪初,瓦尔堡在罗马国际艺术史大会首次提出图像学的概念,此后图像学开始进入研究的新时期。它以内容分析为出发点,主要侧重于对艺术作品内容和主题背后的文化内涵进行深层次地解读,探寻的是艺术作品的内在意义。本课题研究所采用的图像学方法,遵循了欧文·潘诺夫斯基的图像学观点,即运用与研究对象相关联的学科探究作品的内在意义。欧

---

❶ 马衡. 凡将斋金石丛稿[M]. 北京:中华书局,1977:67.
❷ 徐自强,吴梦麟. 古代石刻通论[M]. 北京:紫禁城出版社,2003:22.
❸ 汉语大词典编辑委员会汉语大词典编纂处. 汉语大词典(第七卷)[M]. 上海:汉语大词典出版社,1990:986.

文·潘诺夫斯基的"图像学提出了一种艺术创造的模式，这种模式令人想起从抽象的神性王国到具体的物质世界"❶。欧文·潘诺夫斯基有关图像学的方法主要体现在对作品三个层次的解释：第一，前图像志描述阶段。主要依据研究者的实际经验，包括对象、事件进行正确的了解，这一层次主要是用来对作品主题进行分析，即主题的内容是什么。第二，图像志分析阶段。依据原典知识对研究对象的主题、题材进行分析。第三，图像学解释阶段。即深层次的图像志分析，依据综合直觉对作品进行阐释，主要对主题背后的文化内涵进行深层次的解析，以挖掘出创作主题所包括的人文及历史因素。

从上述理论中可知：图像学主要从创作主题的角度来阐释其内在的文化内涵。结合到本课题的研究，笔者认为图像学不仅为研究摩崖石刻的题材内容提供了一个行之有效的方法，更为研究区域物质文化提供了视域。因此，本课题的研究核心以揭示摩崖石刻背后的图像内涵为宗旨，综合考虑石刻的内容、题记、风格等因素，对摩崖石刻进行探索与研究。

二、研究范畴

由于贵州摩崖石刻数量多分布广，时间上又跨度大，大抵从史前一直延续到明清，内容上涉及广泛，包括题诗、建桥、书法等信息。因此，想要在短时间内对贵州所有的摩崖石刻作全面深入的分析研究较为困难。但为了保证研究的有效性与真实性，文中选取的摩崖石刻包括造像、题刻、碑刻和岩画四个方面，并以具有代表性的个案进行研究。具体探讨的内容涉及图像的细读、图像的功能、图像反映的社会历史、交通、军事等。本课题在细读原始图文资料的基础上，结合学术史，采用图像学为主要方法，对摩崖石刻做整体上的宏观分析和微观式的个案解读，借此抛砖引玉，推动贵州古代物质文化研究的深入。

---

❶ [美]欧文·潘诺夫斯基.图像学研究——文艺复兴时期艺术的人文主题[M].戚印平,范景中,译.上海:上海三联书店,2011:13.

第二章 · 贵州摩崖石刻概述

贵州地处云贵高原，与四川、广西、重庆、云南等省市相接壤。省内地势西高东低，平均海拔在1100米左右，贵州属典型的喀斯特地貌特征，境内山势陡峭、峡谷险峻、桥多洞深。贵州虽系高原，但气候温暖湿润，地理环境优越，为人类活动提供了良好的自然环境。贵州自然景观秀美，文化艺术风貌独特，多民族的聚居共同创造了多彩的民族文化。贵州也是人类文明活动的发祥地之一，在山崖峭壁间留下的众多不同时期人类文明的印迹，不仅构成了一部生动的历史画卷，也折射了区域民族生活的习性和智慧。贵州摩崖石刻文化有着悠久的历史，从旧石器时代的岩画一直到明清的造像、题刻、碑刻均有实物遗存，且数量大、种类多、内容丰富，这些摩崖石刻作为贵州人文历史景观的重要组成部分，已成为贵州重要的物质文化遗产。摩崖石刻作为自然景观与人文景观结合的综合体，为研究贵州历史文化提供了详细史料。

第一节　贵州摩崖石刻分类

贵州摩崖石刻不仅数量众多，而且种类繁杂。关于摩崖石刻的分类相继有学者进行了尝试性划分，若从摩崖石刻的体例上进行分类，主要分为造像、题诗、记事等；如果从内容上进行分类，则涉及军事、交通、民族生活等。无论是哪种分类方式都是为了帮助人们更好地认识摩崖石刻的特点，本课题主要结合摩崖石刻的表现形态，将其分为造像、题刻、碑刻与岩画四个类别进行论述。

一、造像

贵州摩崖石刻中的造像主要有两种形式,即石窟造像与摩崖造像。石窟造像主要是指在天然崖壁上开凿的洞窟内雕凿的形象,内容有佛像、菩萨、力士及人像等,其中赤水地区的两会水寺石窟造像和习水地区的袁锦道祠是目前贵州著名的两处石窟造像遗址。摩崖造像则是直接在山岩崖壁上镌刻形象,如石鹅咀摩崖造像即属此类。相较于中原北方石窟深厚的传统和历史,贵州的石刻造像无论是规模还是体例都略显逊色,其雕凿年代多产生于宋以后,明清时期开始盛行。贵州摩崖造像常在陡峭的山崖上凿刻而成,虽然造像数量有限但从风格上看又具有浓郁的地域特征,通过造像可以窥见黔地石刻艺术所呈现的面貌和特征。

二、题刻

题刻主要指凿刻在天然崖壁或者石头上的文字,题刻作为文献载体,从内容和书风上,为社会史、书法史、民族史等研究领域提供了珍贵的资料。题刻在贵州的数量相当多,且分布广泛。从贵州题刻文字的组合形式上看主要有单个、二个、三个、多个字体,没有一定的规律性。从内容上看既有表达个人情怀,也有记录军事事件,还有记载修桥事件,等等。如"他山"摩崖、"欲飞"摩崖即是文人名仕感怀而作;高石头摩崖、瓮安偏岩摩崖记载了当地历史上发生的军事事件;拦龙桥摩崖石刻则记载了一次建桥事件。总之,题刻不仅通过文字记录历史,还使文字与岩石、山川景致相得益彰,更为后人留下了值得追溯的人文脉络。

三、碑刻

碑刻多指将岩石从其母体中剥离出来,按照需要的规格形制进行打磨,并在石体上面凿刻文字、图案。例如，甘塘乡规碑、例定千秋碑与荔波瑶麓乡婚规碑等。但是有的碑刻没有从山岩母体中分离出来，而是直接在崖面上凿出石碑的形状，如拦龙桥碑和大方千岁衢碑。贵州碑刻的形制主要有圆首形、方形及不规则形，碑刻内容包括的信息也十分丰富，涉及修桥、村规条约、民族历史等，透过碑刻的字里行间，一幅幅贵州古代民众的社会生活画卷瞬间跃然于眼前。因此，碑刻也成为了解贵州古代历史最为有力的档案资料。

四、岩画

岩画指在崖壁、岩石、山洞、岩穴中绘画、凿刻而形成的图案，主要用来描绘人类的生产生活，是了解古代先民生活观念、审美意识、经济发展的珍贵图像资源。贵州岩画数量众多，隶属西南岩画体系，岩画多以红色为主，岩画上马的形象较多，也有人物、植物等图像。目前，贵州境内贵阳、安顺、毕节、镇远等多个市县有岩画发现，如六枝桃花洞岩画、长顺来远写字崖、长顺付家院崖壁画、息烽三妹岩画、安顺红崖天书、牛角井岩画、惠水独角坡岩画、龙里巫山岩画群、官渡崖刻和岩墓等，其中贞丰岩画、龙里岩画、开阳岩画数量最多，内容也最为丰富。

第二节 贵州摩崖石刻地域分布

贵州境内的摩崖石刻就内容的广度来看，在某种程度上反映了一定历史时期特定区域的社会史、文化史、民族史，具体而言涉及生活习性、民族变迁等内容。从整体上看各个地州均有摩崖石刻遗存，为了能够更深入地了解这些摩崖石刻的艺术特点，下面将按照摩崖石刻的类别对其分布状况进行介绍。

一、摩崖造像地域分布

贵州摩崖造像（表2-1）主要分布在习水、赤水、毕节等地。造像的规模和题材内容在时代上虽不如云冈、龙门、敦煌等石窟历史悠久，在数量上也不及大足石窟丰富，但是留存于世的造像同样反映了贵州腹地民间百姓对凿山造像的热情，实际上辗转地反映了该地区与周边文化的相互交流、融合。其中，习水、赤水两地的造像在雕凿技法、风格样式及表现手法上与四川地区的石窟造像存在诸多的相似之处，因而对考察贵州造像风格样式的流传提供了线索。而葫市摩崖造像、石鹅咀摩崖造像在风格上自成体系与两会水寺石窟造像的风格特点并非一致，在技术手法上也不尽相同。此外，新发现的龙塘沟摩崖造像，位于崖壁的半山腰中，自然风化较为严重，许多造像已经识不出原貌。其崖壁上的造像以浮雕和圆雕为主，色彩较为鲜艳，在造像的周围绘有图案。金沙观音洞摩崖造像凿刻年代不详，原有摩崖造像数面，现大部分已经毁坏。

表 2-1 摩崖造像列表

编号	名称	内容	地址
1	望仙台石窟造像	佛、菩萨、袁锦道及其妻、妾等	遵义市习水县三岔河乡
2	两会水寺石窟造像	释迦牟尼佛、普贤、观音等	赤水市两河口乡
3	葫市摩崖造像	观音、关公等	赤水市赤水镇
4	石鹅咀摩崖造像	立像、龙、鳞鳍、海浪和无字碑等	赤水市旺隆镇
5	龙塘沟摩崖造像	僧人、老者、孙悟空、雷公、猪八戒、龙等	遵义市正安县
6	观音洞摩崖造像	释迦牟尼佛、文殊、观音等	毕节市金沙县岩孔镇

二、题刻地域分布

贵州地区的题刻（表2-2）相对于造像、岩画而言，遗存下来的实物数量较多，几乎涵盖全省各地州。从实地调查的资料来看，主要分布在贵阳、遵义、铜仁、六盘水、安顺及兴义等地。题刻的字形、大小与叙事功能各不相同，规模也千差万别，其中贵阳花溪区的是春谷摩崖题刻，文字数量为省内最多，达万余字。

表2-2 题刻列表

编号	名称	年代	地址
1	"欲飞"摩崖石刻	清乾隆五十一年	晴隆县莲城镇
2	禹门山摩崖	清朝年间	遵义县新舟镇
3	"西南屏障"	清同治四年	兴义市捧乍镇
4	关岭关索洞摩崖题刻	年代不详	关岭政府后山的崖壁上
5	"他山"摩崖	清朝年间	余庆县松烟镇
6	高石头摩崖	明朝万历二十八年	福泉县城茅沟堡小学
7	瓮安偏岩摩崖	大明景泰四年	玉山镇龙蟠村
8	"是春谷"摩崖	清乾隆五十七年	贵阳花溪区小碧乡
9	毕节七星关摩崖	年代不详	毕节市七星河

三、碑刻地域分布

贵州碑刻（表2-3）主要分布在毕节、大方、贵定、六枝、兴义、铜仁等地。虽然碑刻与题刻一样分布广泛，数量众多，但是各地碑刻的造型与内容却存在着一定的差异性。在贵州的碑刻中，最具典型特点的当属彝文碑，它在碑刻中占有重要地位，彝文碑刻以彝族文字居多，具有浓厚的民族特色和地方特色，是贵州多民族文化中不可缺少的部分。比如，拦龙桥摩崖石刻上题写的彝文内容，记载了彝族的变迁史及建桥等方面的历史，这对彝族的迁徙史、社会财富、族谱及人员结构的研究提供了重要的史料。在中国已经发现的彝文碑刻多集中在西南地区，而贵州是最多的省份，可见历史上贵州彝族族群的兴旺与庞大。

表2-3 碑刻列表

编号	名称	年代	地址
1	仰望抗贡碑	清乾隆五十五年、嘉庆	黔南布依族苗族自治州贵定县平伐镇

续表

编号	名称	年代	地址
2	兴义查氏宗祠碑	年代不详	兴义市则戎乡
3	大方千岁衢碑	明嘉靖二十四年	大方县高店乡
4	甘塘乡规碑	清道光三十年	贵定县新巴乡
5	拦龙桥摩崖石刻	南宋景定元年	六枝特区新场乡
6	剑河"例定千秋"碑	清朝光绪二十年	剑河县南哨乡
7	荔波瑶麓乡婚规碑	"民国"二十七年	荔波县瑶麓瑶族乡（现存博物馆）
8	敕赐梵净山重建金顶序碑	明万历四十六年	铜仁市梵净山
9	天桥功德碑	清康熙五十二年	铜仁市梵净山
10	禁砍山林碑	道光十二年	铜仁市梵净山

四、岩画地域分布

贵州地区很早就有先民在这里繁衍生息，留存下来的岩画（表2-4）见证了他们的生活方式。岩画系贵州历史最为悠久的物质文化遗产，作为一种特殊的绘画形式，崖壁上的图像浓缩了黔地族群的想象和祝愿。在少数民族聚集的贵州，岩画同样反映了身处高原族群的文化和语言。贵州岩画集中在黔中、黔南、黔西南及黔东南等地，制作技术主要有凿刻和涂绘两种。凿刻类的岩画是指以硬质工具在崖壁或岩石上凿刻图案，在贵州地区主要有赤水市官渡镇永安村麻迁边公路旁的官渡崖刻与安顺市关岭县断桥乡龙朝寨晒甲山上的红崖天书。涂绘类的岩画主要运用软质工具以蘸染颜料绘制图案为方法，贵州涂绘类岩画相对较多，如桃花洞岩画、来远写字崖、息烽三妹岩画、牛角井岩画、独角坡岩画及开阳画马崖等。此外，贵州境内还有将硬质工具和软质工具结合的刻绘类岩画，此类岩画数量较少，如官渡崖刻即是代表。从目前已经发现的贵州岩画来看，共有岩画二十余处。主要分布在六盘水、贵阳、安顺、黔南布依族苗族自治州、黔西南布依族自治州、黔东南苗族侗族自治州。诸如六枝的桃花洞岩画、息烽的三妹岩画、兴义的猫猫洞岩画、开阳的画马崖、关岭的红崖天书、牛角井岩画和花江崖壁画，长顺的写字崖和付家院崖画、赤水的官渡崖刻、惠水县的独角坡岩画、紫云的打鼓洞岩画、普定的空山岩画、丹寨的银子洞岩画，等等。贵州岩画在周边环境、色彩及内容三个方面上，存在一些共性，它们多分布在较为陡峭的崖壁间与山洞附近，以红色为主，内容主要有人物、动物及其他一些较为抽象的符号组成。

表 2-4　岩画列表

编号	名称	内容	地址
1	桃花洞岩画	人物、动物、太阳及其他图像	六枝特区桃花公园
2	写字崖	抽象符号、诗句及其他图像	长顺县广顺镇
3	付家院崖画	动物、符号、人物及其他图像	长顺县威远镇
4	三妹岩画	人物及其他图像	息烽县温泉乡
5	红崖天书	抽象符号	关岭县断桥乡
6	牛角井岩画	人物、动物及其他图像	关岭县花江区板贵乡
7	花江崖壁画	人物、动物及其他图像	关岭县花江镇普利乡
8	独角坡岩画	人物、动物方格状、点状符号等图像	惠水县大龙乡
9	官渡崖刻	人物、战车、战车、弓箭、鸟兽虫鱼及一些抽象符号	赤水市官渡镇
10	龙里巫山岩画群	抽象符号	贵新高速公路大干沟大桥北
11	画马崖	太阳、人物、动物及其他图像	开阳县高寨苗族布依族乡

本章小结

贵州自古山峦众多、地势险要，自然地貌的优势为摩崖石刻创造了良好的条件。再加上多民族的聚集，使得摩崖石刻的题材、形式以及内容呈现出鲜明的地域文化特征。贵州地区的造像、碑刻、题刻和岩画在漫长的历史演变中形成了自身的历史文化特点，它们既是构成中国古代物质遗产必不可少的内容，又是贵州物质文化发展史的重要组成部分。因此，对贵州摩崖石刻进行必要的调查与研究，掌握其主要内容以及分布的特征是开展研究的前提，也是正确认识历史的一个有效途径。

第三章

习水望仙台石窟造像

望仙台石窟于清嘉庆年间开凿，属黔地家窟营建石窟的典范。本章通过实地调查所得资料，运用考古学和图像学的方法，对造像进行分析，针对以往学界对三尊佛造像身份释读存在的问题进行再探讨，并结合望仙台石窟造像的特征及空间关系，讨论石窟营建所体现的设计意涵。

第一节　望仙台石窟基本情况

望仙台石窟❶坐落于遵义习水县三岔河乡丹霞谷旅游开发区。望仙台石窟造像坐东北向西南，石窟造像雕凿在高200多米的红砂石质岩内，距离岩顶约有20多米。石窟内有"永垂万古"碑一块，据碑文记载，嘉庆十五年，已过古稀之年的实业家袁锦道，家业兴旺，声名远播，为表彰他的功绩，垂范世人，故选择此地修建石窟。袁锦道为方便自己晚年礼佛，修建了石窟寺，时名"望乡台"，亦曰"袁锦道祠"，后又将"望乡台"修改为"望仙台"。1982年望仙台石窟被列为贵州省省级文物保护单位（图3-1）。有关望仙台石窟的造像艺术一直未受到学界充分的重视，迄今未见有考古及其调查简报发表。虽有部分石窟造像图片曾被收入《中国石窟雕塑全集》，也有学者在著述中涉及石窟造像内容，但多侧重于基础介绍，并未展开详细研究❷，且部分著述在辑录时对造像身份的辨识存在误读。鉴于望仙台石窟造像所蕴含的历史及文物价值，笔者在实地调查的基础上，绘制大量线图，力图在掌握望仙台石窟整体面貌的同时，运

---

❶ 望仙台石窟也叫袁锦道祠，文中为了表述的方便，将全部使用望仙台石窟的称谓。
❷ 刘长久.中国石窟雕塑全集(第9卷)[M].重庆:重庆出版社,1999.
贵州省地方志编纂委员会.贵州省志·文物志[M].贵阳:贵州人民出版社,2003.
阳正午.贵州秘境[M].贵阳:贵州人民出版社,2014.
贵州省习水县地方志编纂委员会.习水县志[M].贵阳:贵州人民出版社,1995.

图3-1 袁锦道祠

用图像学的方法，对石窟造像进行分析，并就其存在的问题作初步探讨。

第二节 望仙台石窟造像图像分析

一、石窟造像

望仙台石窟面积约300m^2，从东至西长约25m，高约8m，从布局上看，包括东、西两座石窟（图3-2）。东窟主要为佛、菩萨等造像，西窟主要为袁锦道及其妻、妾等造像。

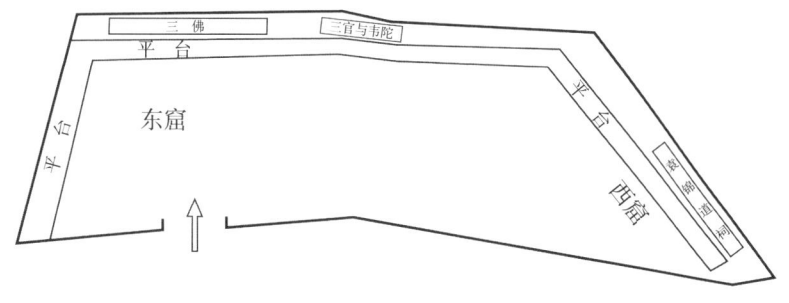

图3-2 望仙台石窟平面示意图

东窟是袁锦道于清嘉庆十四年间在修建祠堂时开凿的石窟，该窟营建规模相对西窟较大，据碑刻所记"造像群成于清嘉庆十五年冬月"，用时一年完工。此窟造有佛像三尊，均结跏趺坐于莲座上，身后有火焰形背光，背光雕刻较为简洁，无纹饰。在三尊佛像下面有石块砌成的平台，平台垂直相交，上面供奉有造像46尊[1]，内容涉及菩萨、神仙、天王等造像（图3-3）。在三尊佛像左侧有一方形小龛，龛分为上下二层，上层凿有三尊浮雕造像，倚座于石台上（图3-4）。其中，造像左、右两侧的石壁上分别刻有："祈三官佑百福，求神恩纳千祥"的字样，造像顶部石壁上刻有"天地水秀"四字。下层是韦陀菩萨造像，韦陀系佛教护法神，面相端庄，脸呈长形。双眉如弓，两眼直视前方。身披铠甲，双肩搭长带，长带于脑后翻转经双臂顺躯体飘拂垂地，两肘袖口向上飞扬。双手执金刚杵，双腿叉开履尖向外站立，整个姿态威风凛凛，气宇轩昂（图3-5）。

图3-3 望仙台石窟东窟局部

图3-4 三官与韦驮菩萨像龛

图3-5 韦陀菩萨造像线图

[1] 经笔者调查原有48尊，后被盗2尊，现仅存46尊。

西窟为袁锦道祠,以岩石凿龛,石龛形制被雕成一座石碑坊(图3-6),坊下置有四根圆柱,总高3.7m,进深1.2m。龛内,袁氏及其一妻二妾像正襟危坐(图3-7)。其中主像袁锦道高1.16m,其他造像略低于袁锦道。四尊主像前面,站立有一丫鬟呈手托茶具之状,另有一账房先生执算盘恭敬而立。本稿以现场实物分布的实际情况为基础,对袁锦道祠中的主要造像进行编号,并辅以线图对其造像特征进行分析。

1号造像位于袁锦道的右侧(图3-8),为年轻的妇人形象,神情温和,正襟危坐,脸庞方圆,眉毛呈弯月形且与鼻骨底端相连接,双眼目视前方,嘴唇紧闭,隐含笑意。左手放于左膝盖上,右手抬起置于胸前。衣饰雕凿清晰,上身穿对襟长袄,下身着裙,裙裾覆腿,仅履尖微露于外,造像身后凿有头光和

图3-6 望仙台石窟西窟局部

图3-7 望仙台石窟西窟造像局部

图3-8 1号造像及其线图

身光，意在强调造像的尊贵之感。

2号造像系袁锦道像（图3-9），为长者模样。头戴暖帽，面相丰圆，眉毛粗密。双眼圆睁，目光炯炯有神，鼻梁挺直，嘴唇闭合，下唇蓄长须，呈倒三角形。上身外衣微微敞开，露出腰带。左手扶膝，右手手心略向上放置于腿上。该造像双腿自然下垂，静坐于平台上，身后的头光、身光较之其他三尊座像略大，似在突出其主像的身份与威严。

3号造像位于袁锦道的左侧（图3-10）。面相清秀，头饰长巾，高鼻梁，双眉如月，双眼睁大，目视前方。口小且嘴唇较薄，双耳较大，神情沉静，坐于平台上。双手掩于衣袖置于腹前，上身穿对襟长袄，下身着裙，履尖微露于外，背后的身光与头光的形制、大小与1号造像基本一致。

4号造像位于3号造像的左侧（图3-11）。头裹长巾，面相秀丽，高鼻梁，眉毛细弯，双眼睁开，目视前方。左手贴于腹前，右手放在右膝上。上身衣服宽松，下身衣裙覆遮双腿，履尖微露，坐于平台上。此尊造像身后同样凿有头光和身光。

5号造像位于袁锦道像右前方（图3-12），为一站立的仕女形象。头顶长发盘起，呈横"8"字形，脸庞瘦长，鼻梁较细，双眼微睁，双眉如月，嘴巴

图3-9　2号造像袁锦道线图

图3-10　3号造像线图

图3-11　4号造像线图

小巧，嘴唇略薄，表情较为平和。双手捧茶具置于胸前，服饰简洁，整个造像略向左侧倾斜。

6号造像位于3号造像的左前方，与仕女造像相向而立，为一账房先生的形象（图3-13）。面部呈方形，表情微笑，头戴帽子，眉毛弯曲，双眼目视前方，鼻梁细直，嘴巴较小，双唇紧闭。身穿长袍马褂，左手握一类似笔的物品，右手拿有一算盘，形象生动有趣。

图3-12　5号造像　　　图3-13　6号造像

此外，袁锦道祠堂外观雕刻精美，坊上左右两侧分别刻有"忠贞""节义"四个大字。在牌坊的正中央上刻有一块石质牌匾，匾内题写"奉旨覃恩宠赐征仕郎题明建坊"，言明此坊乃奉旨而建，石匾两侧各雕刻有一尊石质立像。两侧牌坊由四根圆柱承托，在中间两根圆柱上石刻楹联，联文内容为：

令德迈高风乾端坤凝方朔麻姑留胜迹，雄才贻后裔兰秀桂馥仲谋子亚起宏猷。

二、其他石刻

望仙台石刻造像除石窟和祠堂外，还存有碑刻三方、摩崖题刻一处（图3-14）。碑刻详细记载了有关石窟的开凿及管理等

图3-14　望仙台碑刻

情况。目前,三方石碑分别被保存在祠堂右边的两间房子里面,其中第一间房子里面存有二方,另一方则被放置在第二间房内。主要形制特点如下:

(1)第一间房子内的二方碑刻中,一方为长方形青石条,有底座,碑高117.5cm,宽74.5cm,厚10.5cm,底座高44cm,宽94.5cm,厚23cm。另一方同样是长方形青石条,有底座,碑高117.5cm,宽64cm,厚16cm,底座高24.5cm,宽84cm,厚37cm。

(2)第二间房子内的碑刻为长方形青石条,有底座,碑高126.5cm,宽73.5cm,厚13.5cm,底座高21cm,宽95cm,厚35cm。

(3)袁锦道祠左岩壁上有摩崖题刻《望乡台遗赞并序》(图3-15),竖书、阴刻、楷体,刀法遒劲利落,镌刻秀丽端庄。由袁锦道的表侄撰写,匠师候永理镌刻,其文由题、序、赞、署名落款四部分组成,共有700余字,每字约2cm²。该碑文不但对袁锦道的生平、品行乃至个人成就给予了很高的评价和赞赏,认为其功绩可以与当世英雄齐名,而且对望仙台的风景也进行了一番赞美。这篇序文,文体端庄秀丽,题、序和赞浑然一体,内容娓娓道来;行文叙议结合,骈体、散文体融合在一起,意味悠远;语句铿锵有力,字字珠玑,不失为优美的文学佳作。此摩崖题刻虽然经历了长年的自然风化和雨水侵蚀,但是透过雕凿有力的字迹,袁锦道那早已尘封于历史的事迹仿佛又跃然眼前。

图3-15 望乡台遗赞并序

第三节 三尊佛身份略考

通过对望仙台石窟造像的分析，经查阅相关文献资料，发现学界在对石窟造像有关三尊佛像的表述上存有争议。由贵州省地方志编纂委员会编著的《贵州省志·文物志》一书在第四章《岩画石刻》一文中指出："清嘉庆年间（1796—1820）例赠徵仕郎袁道锦修建生祠时开凿的石窟寺，共雕凿佛像三尊：中为释迦牟尼佛，左为迦叶，右边则是阿难，高度均为2.3m，背面有浮雕并有身光、头光，加之以颜色彩料，身穿袈裟，坐在莲花宝座上。"❶而阳正午在《贵州秘境》一书指出："望仙台石窟分东西两窟，窟壁岩体上塑有释迦牟尼佛、阿弥陀佛和药师佛三尊两米多高的石雕；神台上塑有48尊神像，除两尊为木雕外，其余均为石雕。"❷从以上两本著作中可以看出，问题集中在对石窟中三尊佛像身份的判定，虽然双方对主尊为释迦牟尼佛认识一致，但主尊佛左右侧两尊造像的辨识却产生了较大分歧。那么东窟中间的三尊佛像究竟该如何称谓呢？《贵州省志·文物志》一书提到左为迦叶，右为阿难。笔者认为此种称谓有失偏颇，迦叶和阿难是佛陀的二位弟子，在石窟雕凿中多为比丘形象。其中，迦叶年长，阿难年幼，在造像组合中常以一老一少的僧人形象，立于主尊佛两侧，构成一佛二弟子的组合形式。典型的实例如龙门石窟卢舍那大像龛，一佛二弟子二菩萨二力士组合。从造像特点以及目前我国现存的石窟造像遗例来看，鲜有将阿难迦叶二尊者雕凿为佛的形象。因此，对于望仙台三尊佛像的身份需要重新考证。经过实地考察并结合该窟三尊佛像的特征，其身份应为三佛无疑。关于三佛的具体性质，李鼎霞、白化文在《佛教造像手印》一书中指出："供三尊佛为主尊的叫三佛同殿，有多种安排方式，主要有以下几种。（1）横三世佛在大殿

---

❶ 贵州省地方志编纂委员会.贵州省志·文物志[M].贵阳:贵州人民出版社,2003:261.
❷ 阳正午.贵州秘境[M].贵阳:贵州人民出版社,2014:122.

中的位置为：主尊是释迦牟尼佛，药师佛在其左侧，其形象主要是左手掌放有装满甘露的钵，药丸在左手掌中；手中拿有莲台的阿弥陀佛在释迦牟尼佛的右侧。（2）竖三世佛的组合方式是：最中间的位置是现在佛，就是我们常说的释迦牟尼佛，左侧为过去佛，过去佛就是燃灯佛也是释迦牟尼佛的老师，其形象为法界定印姿态，右侧为未来佛，即弥勒佛。除此之外，上面的三尊佛还有另外两种排列方式：即释迦牟尼佛、阿弥陀佛、弥勒佛和释迦牟尼佛、药师佛、弥勒佛。（3）另一种方式则是，主尊是法身佛，卢舍那佛在其左边，应身佛位于右面。"❶依据佛教造像手印的常见特征，如果是阳正午在《贵州秘境》中所论述的：三尊佛分别为释迦牟尼佛、阿弥陀佛和药师佛，那么阿弥陀佛和药师佛手中应该持有"宝物"，而该处除了手印外，并没有持相关"宝物"，所以有关该窟中三尊佛为释迦牟尼佛、阿弥陀佛和药师佛的定论也有待商榷。根据李鼎霞和白化文《佛教造像手印》所述，这里的三尊佛像很可能三身佛，即中间是毗卢遮那佛，左边是卢舍那佛，右边则是释迦牟尼佛。在新津观音寺大殿中的三尊佛就是这种组合方式（图3-16），两者差异之处主要在于主尊手印的不同，望仙台石窟毗卢遮那佛所持手印为双手合十（图3-17），而新津观音寺中的毗卢遮那佛则持毗卢遮那印。为何望仙台主尊佛会出现为双手合十这样的情况呢？关于此现象并不难理解，这或许与当时造像技术有关。由于佛教造像在贵州地区没有形成深厚的传统，所以雕凿技艺相较于四川地区雕凿佛像的悠久历史而言就略显古拙，再加上毗卢遮那印制作起来较为复杂，双手合十在制作

图3-16　新津观音寺毗卢殿三身佛❷

图3-17　望仙台石窟三尊佛线图

❶ 李鼎霞,白化文.佛教造像手印[M].北京:北京燕山出版社,1999:229–233.
❷ 图片来自慧海佛教资源库。

中的程序相对简单，故而工匠选取常见的合十之印来代替。

三身佛系华严系统常见的组合，即法身佛毗卢遮那、应身佛释迦牟尼、报身佛卢舍那，佛有三身根据所需而现化不同之身，实则是三位一体。透过望仙台石窟对三身佛的塑造，不难看出以华严信仰为主的特点。

第四节　望仙台石窟的设计意涵

望仙台石窟系由清代实业家袁锦道资助修建。袁锦道，字宗圣，贵州习水县三岔河乡人，祖籍江西泸陵，生于清乾隆四年，先辈袁世盟是宋时贵州"平蛮"的大将。袁锦道系袁世盟的第二十代孙，有一妻二妾和八个儿子，宅门十分兴盛。为振兴一方经济，他兴办多种实业，还修筑道路，据《习水县志》载："袁锦道在建厂时就修通各厂之间的道路"❶。特别是修建"通川大道"，方便了黔渝地区的交通。望仙台缘何开窟建祠，遗赞并序中解释得颇为翔实："……先生构一胜绩，其间奇峰峭壁，仿佛蓬莱，云飞雾卷，鹤绕龙吟，真绝境也。额其名望乡台，鸠工凿石"关于望仙台营建的设计思想虽无详细史料可做细考，但是从西窟建筑与造像的特点来看显然也是经过一番思考的。西窟为家祠，其中西窟采取了宗祠建坊的形式，这样的建筑组合虽在黔地并不多见，但放置于明清以来牌坊语境中却有着特殊的意义。明清时牌坊的修建与管理由中央统一支配，用于旌表节孝、科举与仕途卓越的人，如遵义地区夹子口李氏节孝坊、永合郑氏节孝坊、沈家坝牌坊等就是在这样的背景下建造起来的。由于牌坊的建造直接受制于朝廷，竖立一座牌坊也就很自然与皇恩浩荡、彰显家族势力联系到了一起，显然牌坊已成为具有影匿之意的纪念碑❷。正如清末画家吴友如所

---

❶ 贵州省习水县地方志编纂委员会.习水县志[M].贵阳:贵州人民出版社,1995:918.
❷ 有关牌坊之功能演变，郑岩先生在其专著《庵上坊——口述、文字与图像》一书中有详细的论述,文中作者还就牌坊在明清时期社会功能与权威的关系有深入探讨,详见:郑岩.庵上坊——口述、文字与图像[M].北京:生活·读书·知新三联书店,2008:49-56.

绘制的《坊表千秋图》(图3-18),图中工匠正为一座牌坊进行最后的装点施工,下方诸人则仰观议论投入赞许与羡慕的目光,显然牌坊不只是为了事迹永垂不朽那么简单,它的背后蕴含了更为强大的信息即功名利禄。宗祠作为纪念性环境,祠内树立牌坊对于毕生致力于实业、开山修路的袁锦道来说达到

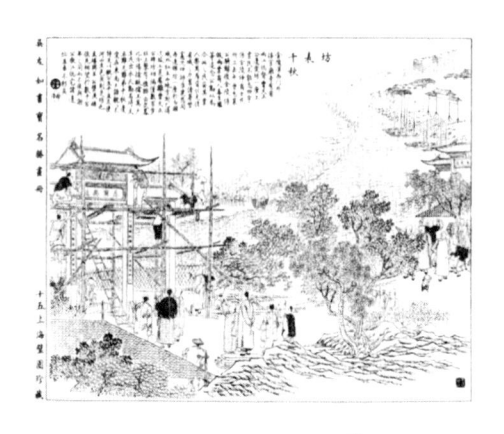

图3-18 坊表千秋图❶

了纪念与标榜的双重目的。值得注意的是,西窟袁锦道与其妻妾之像在大小比例上也颇值得玩味,袁锦道像远高于妻妾像,这似乎暗示了他居高临下的权威,其石窟兴建之由莫过于让后人知道自己的事迹,教育子孙造福他人。

本章小结

自从佛教传到汉地以来,我国佛教石窟造像艺术繁纷兴盛,其影响力经久深远,黔北黔东为佛教传入贵州最早之地,入元以后,佛教继续在其地深入拓展❷。望乡台石窟造像作为贵州省内大型石窟造像,石窟造像雕刻工艺精湛,人物造型形象逼真,具有浓郁的地域性和时代感,故而被赞誉为"贵州第一石窟"。望仙台石窟造像风格与四川地区的造像风格存在着相似性,这与黔地与川渝两地在历史上的文化交流有关。袁锦道及其妻妾造像则反映了望族营建宗祠欲留名后世的基本诉求。总之,望仙台石窟寺作为贵州佛教造像艺术的代表,体现了习水地区工匠的整体技艺与传统文化的地域特点。

❶ [清] 吴友如绘. 吴友如画宝(下册)[M]. 上海:上海古籍书店,1983.
❷ 王路平. 贵州佛教史 [M]. 贵阳:贵州人民出版社,2001:37.

第四章

赤水地区石窟摩崖造像

黔北赤水地区现存石窟主要代表有两会水寺石窟、葫市摩崖造像、石鹅咀摩崖造像，其中两会水寺石窟系规模最大的一处。一直以来赤水地区的石窟摩崖造像鲜少为学界所关注，本书通过实地调查所得资料，对石窟造像进行综合分析，对两会水寺石窟造像的宗教内涵、历史渊源、艺术风格等相关问题进行初步探讨，以期促进对黔北赤水地区石窟造像认识的深入。

第一节　两会水寺石窟造像综合分析

一、两会水寺石窟简况

　　两会水寺石窟造像位于赤水市两河口乡河岸陡峭崖壁的半山腰处，距赤水市30多公里。为方便行人到达石窟，从山脚下到该石窟的山间小道铺满了约200m的台阶，行道虽陡，景色却异常优美。石窟现存的题记上没有表明该石窟造像凿刻的具体年代，从雕刻手法上看，造像生动的形象表现与圆润细致的石刻线条，不失为赤水地区的精品，1985年该石窟被列为贵州省省级文物保护单位（图4-1）。

图4-1　两会水寺石窟外景

本书材料主要来源于实地调查，由于以往学者对两会水寺石窟的忽视，迄今未见专文研究。为促进两会水石窟研究的深入，笔者通过对石窟现状的记录、测绘与图像收集，在掌握了第一手资料的基础上，着重对造像进行综合分析。希望通过造像特点、工匠技艺、移民等方面的相关探讨，弥补有关两会水石窟认识的疏漏之处。

二、石窟造像分析

两会水寺石窟造像在自然形成的半月形洞窟中凿刻而成，石窟长约6.3m，高约5.4m，进深约3.8m。石窟原有造像10尊，有1尊造像在修路的过程中被毁坏，现仅存造像9尊❶。除造像之外，在两会水石窟的壁面上还有碑记四方，两方已残。其中清咸丰年间碑记，记载了为佛像装彩的相关内容，另外一方由于字迹风化无法辨识具体内容。两会水寺石窟造像依山岩自然之势开凿，数量虽不多，却为了解赤水地区民间造像特点提供了资料。遗憾的是，这些造像并没有得到有效的保护，有两尊造像头部被毁坏，虽也进行了重装但已非原样。另有一尊造像曾从岩壁上掉落到山下，后被人发现将其抬到石窟寺，得到修复，安置在石窟的平台上。为便于对造像研究的开展，根据实地勘测，现对该窟造像进行分析。

在调查中依据现存的石窟造像在崖壁上的布局将其进行编号并分为四组（图4-2）。

第一组造像位于壁面最上层，共开凿两龛（图4-3），具体特征如下：

1号造像系佛像，佛结跏趺而坐，

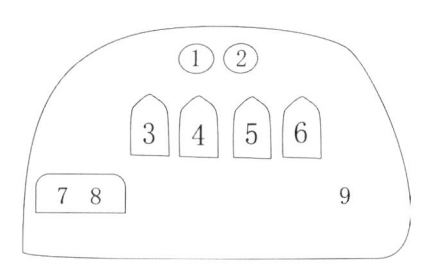

图4-2 两会水石窟壁面造像分布示意图

---

❶ 关于两会水寺石窟造像的数量，经笔者实地调查当为9尊无疑。《贵州省志·文物志》一书记录为8尊，未将掉落山下后被人抬入石窟的一尊计入在内。详见：贵州省地方志编纂委员会.贵州省志·文物志[M].贵阳：贵州人民出版社，2003：260.

双手合十置于胸前（图4-4）。螺发，肉髻低平，脸略呈方形，双眉细弯，双眼直视前方。鼻梁细长，嘴唇小巧，表情庄严而又祥和。上身着双领下垂式袈裟，坦露前胸。佛身后头光和背光皆呈圆形，周围饰以呈升腾状的火焰纹装饰，龛下方刻有祥云作托护，图案精美，造型繁缛。

2号造像位于1号造像左侧，该龛略呈圆形，龛内有佛像一尊，头部与身后均有头光和背光（图4-5）。佛像结跏趺坐，双手于腹前作禅定印。头饰螺发，顶上有肉髻凸起，面部略为长方形，高鼻梁，大耳垂肩，眼睛作俯视状，神情慈祥。上身着双领下垂式袈裟，下身着裙。2号造像与1号造像一样，下方均刻有祥云。

第二组造像位于石窟中层，开凿四个火焰形龛（图4-6），龛内共保存有四尊造像，造像几乎等高，具体特征如下：

图4-3　两会水寺石窟龛像局部　　　　　图4-4　1号造像线图

图4-5　2号造像线图　　　　　图4-6　两会水寺石窟龛像局部

3号造像为普贤菩萨（图4-7），头戴花冠，花冠下有宝缯沿双耳飘扬。面部略呈长形，双眉细弯，眼睛睁开，俯视下方，鼻梁高挺，嘴唇小巧。身披袈裟，胸前戴华丽的璎珞，下身着裙，衣饰纹理清晰，雕凿精细。双手执经书置于腹前，结跏趺坐于台座上，右足跣露。普贤菩萨身后有头光和身光，龛内无其他装饰。

4号造像为主尊释迦牟尼佛（图4-8），高1.97m，宽0.9m。青丝螺发，肉髻凸起。面部略呈长形，面颊丰润，双眉修长而弯曲，眼睛微启，俯视下方，鼻梁笔直，嘴唇紧闭，表情慈祥而又庄严。双手作禅定印，结跏趺坐于须弥座上。身着覆搭双领下垂式袈裟，前胸坦露，下身着裙，裙褶衣纹舒简，衣裙贴体。释迦牟尼佛身后背光呈莲瓣形，周围以呈升腾状的火焰纹装饰，背光内有头光和身光，头光和身光外侧凿刻有纹饰，图案精美。

5号造像文殊菩萨❶位于释迦牟尼佛左侧（图4-9）。菩萨头戴宝冠，面部丰圆，双眉高挑，眼睛直视前方，鼻梁高挺，嘴唇红润，表情略带沉静。身着袈裟，双手作禅定印，结跏趺坐于台座上。文殊菩萨身后有头光和身光，龛内亦无其他装饰。

6号造像观世音菩萨位于文殊菩萨左侧❷（图4-10），菩萨头戴宝冠，宝冠下

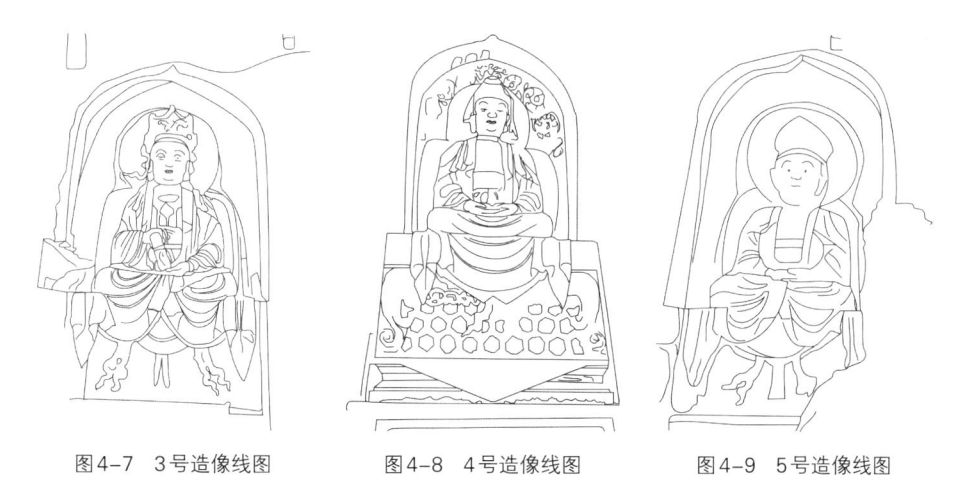

图4-7　3号造像线图　　图4-8　4号造像线图　　图4-9　5号造像线图

---

❶ 此像现在的头部为后期修复，原来的头部已被人为破坏。
❷ 此像头部、手臂早期曾受到破坏，现为后人补添。

图4-10　6号造像线图

露出黑色发髻。面相丰圆，双眉微弯，眼睛半睁，目视前方，鼻梁笔直，嘴唇闭合，神情安详。菩萨身着袈裟，袒露前胸，下身着裙，裙褶简洁紧缚盘曲的双腿。左手托"玉净瓶"于胸前，右手放在膝盖上。右腿支起，左腿盘曲以自在之状坐于台座上，双脚趾跣露。观世音菩萨身后有头光和身光。

第三组造像位于壁面下层右侧，此龛为长方形，长1.2m，高0.95m，仅上面的两角呈圆形，龛内雕刻有两尊造像（图4-11）。造像的高度尺寸基本相似，身后均有头光和身光，具体特征如下：

7号造像为达摩坐像（图4-12）。此像为梵僧形象，头戴风帽，结跏趺坐于方形台座上。面相方圆，面色发黑。眉毛卷曲，双目圆瞪，鼻头大于常人，双唇红润，上唇、下巴隐见黑须。身穿长袍，长袍与风帽相连，双手置于腹前掩藏于袖内。达摩体态丰硕，肌肉筋骨结实，神情专注，似在参悟禅法。

8号造像位于达摩右侧，该造像为一青年僧人形象，头颅光洁，双眉细弯，眼睛半睁俯视下方。该像身穿交领衣，外披袈裟，双手捧宝珠置于腹前，结跏趺而坐，神情温和沉静（图4-13）。

图4-11　两会水寺石窟龛像局部 　　图4-12　7号造像线图 　　图4-13　8号造像线图

第四组为单尊造像,具体特征如下:

9号造像具体身份无法辨识。《贵州省志·名胜志》一书这样写道:八尊造像,除观音、文殊二尊为后人修补外,其余均保存完好,一尊被崩岩打碎的华山圣母像,现已找到残石碎段,恢复补塑。❶ 该造像为坐像,后人修复较多,早期形象已无从辨识。仅见造像头戴花冠,宝冠下黑色发辫经双耳下垂飘搭于双肩上。脸庞方圆,眉毛细弯,眼睛微启,目视前方。衣袖宽松,衣纹简洁。双手分别放于膝盖上,两腿向外敞开静坐于台座之上(图4-14)。

图4-14 9号造像线图

第二节 两会水寺石窟造像相关问题考辨

一、石窟开凿的年代

两会水寺石窟开创于何时并没有明确的相关文字记载,寺内原存同治年间碑记只记载清咸丰时为佛像装彩,并未记录石窟造像雕凿的年代,也未表明该石窟是何宗派的道场❷。对于两会水寺石窟造像年代的判定,由于史料以及可供

---

❶ 贵州省地方志编纂委员会.贵州省志·名胜志[M].贵阳:贵州人民出版社,1987:299.

❷ 有关两会水寺石窟的凿刻的年代现已不可考,据《贵州省志·文物志》载寺内原有石碑一通记录石窟于清咸丰年间为佛像装彩,同治十一年傍窟修建殿宇。笔者调查过程中壁面碑记风化字迹模糊,可辨识的内容大致如下:粮在染如岁产为揆出输纳其介上齐大岩伦脚下□夫启伦□左跟小塝上右跟小清下四介□□无有夹插自舍之后一舍永□无有海意□□无凳刻□志之永垂不朽匠士王文太敬刻大清同治十一年□□□□□□立此处。对于石窟年代信息的史料同时参考了《贵州省志·文物志》一书,见:贵州省地方志编纂委员会.贵州省志·文物志[M].贵阳:贵州人民出版社,2003:260.

参考的题记较少，本文结合壁面的布局对造像雕凿的先后次序略做分析，旨在抛砖引玉，不当之处恳请方家指正。根据石窟主要壁面分布的9尊造像，自上而下可分为三组。壁面最上方为两尊坐佛像即1号造像和2号造像，雕凿手法细腻风格略显古朴；壁面正中释迦牟尼佛与文殊、普贤、观音三尊菩萨像占据了该壁的主要位置，较上方两尊坐佛像尺度虽大，雕刻手法略显逊色；壁面右下方龛内为达摩与地藏二尊像，该龛左边缘的上部紧挨普贤菩萨像的宝座，以至于宝座边缘出现缺失，从整体效果上看此龛雕凿时似有普贤菩萨像的影响（图4-15）。结合以上造像之手法以及所处壁面的位置，造像分布无序，三组造像极有可能不是同一时期雕凿而成，占据壁面主要位置的一佛二菩萨与观音四尊造像在时间上应先于达摩、地藏像的凿刻。至于壁面最上层的两尊坐佛，位于主尊和文殊菩萨两尊造像的上方，其中主尊像的龛顶与佛坐下端相连，从二者的连接处可见佛座下端的纹饰并不完整，疑似在凿刻主尊释迦牟尼像的过程中受到一定的破坏（图4-16），因此两尊坐佛像在年代上应早于壁面其他造像。从雕凿风格来看，三组造像虽不是同一时期雕刻，但是其造型风格与川渝地区宋代的石刻颇有几分相似。黔地佛教自宋代开始得到发展，且宋时赤水河中下游地区出现有石窟开凿活动❶，故而两会水寺石窟可能系宋代以后所建。另据相

图4-15　两会水寺石窟龛像局部　　　　　图4-16　两会水寺石窟龛像局部

---

❶ 禹明先根据乾隆初杨拱《仁怀厅县志稿序》中提到："大佛老普贤真之佛洞仍在"，认为赤水地区大佛塆石窟形成于宋代，指出宋时赤水河中下游地区已有石窟开凿。详见：禹明先. 黔北佛教史考 [J]. 贵州文史丛刊，1991(4)：110.

关资料介绍，石刻像在"插杖为业"时就已出现，"插杖为业"即明末清初的一次移民活动❶，这说明两会水寺石窟营建于明末清初以前。然究其具体年代，此处不敢妄断，以待新材料做进一步的推断。

二、目连造像身份管窥

在两会水寺石窟造像身份的辨识上，位于壁面最下层的7号造像，由于其形象为一僧人，目前学界对其身份的确定较为模糊，在相关的著述中曾有学者将该造像之身份判定为目连❷。目连即目犍连尊者，系佛陀十大弟子之一，被认为有无边之神通。此尊造型是否为目连尊者呢？鉴于在造像身份上的误读并不利于对两会水寺石窟造像的整体认识，以下将结合图像志就该造像的身份尝试作一探讨。

通过对中国古代造像史的梳理，对于以往认为该造像身份为目犍连尊者的观点颇值得质疑。此尊造像为一僧人形象，目犍连尊者多与十大弟子一起出现在石窟造像之中，且有关单独供奉目犍连尊者的情况较少见于佛教史，而且从达摩图像组合的规律来看，造像史未见有目犍连与达摩组合的情况，既无经典依据也不见于图像实例。因此该造像不应该为目犍连，为地藏菩萨的可能性更大。从背后的光环上讲，目犍连是佛弟子，背后不应该有身光，李鼎霞、白化文在《佛教造像手印》一书中指出："只有佛和有高级名号的菩萨（特别在其不作胁侍而单独供奉时）才项光、身光齐备。一般说来，罗汉、诸天、级别低的菩萨（如供养菩萨）都只有项光而无身光。个别简单画像中连该有身光的都可略去而单存项光，但乱加身光给资格不够者是不行的。"❸从此观点看，目犍连最多有头光，不应该出现身光。若再结合其手中所谓的"宝物"，它应该被称为"如意宝珠"，其持有者为地藏菩萨才更讲得通。地藏菩萨一般都是光头或者

---

❶ 贵州省地方志编纂委员会.贵州省志·名胜志[M].贵阳:贵州人民出版社,1987:299.
❷ 《贵州省志·名胜志》一书曾提到："佛像右下侧有一龛，龛内并刻目连、达摩坐像各一尊"。此后，不少书籍多沿用此说。详见:贵州省地方志编纂委员会.贵州省志·名胜志[M].贵阳:贵州人民出版社,1987:298.
❸ 李鼎霞,白化文.佛教造像手印[M].北京:北京燕山出版社,1999:224.

头上戴着毗卢冠，身上穿着袈裟，应是一幅出家僧人的打扮，一只手拿着锡杖，一只手拈着莲花，或手握幡幢和宝珠。目犍连与舍利弗是佛陀的上首弟子，在南传佛教中舍利弗站在佛陀右边，大目犍连站在左边，他们所站的位置，正是佛教中最代表性的上首身份。也就是讲目犍连一般应该处在佛陀身边，且为立像，这与目前造像所处的位置明显不相符合。

地藏菩萨的图像学特征有声闻与菩萨两种形象，具体包括佛装、菩萨装、沙门形、被帽形等❶。其中在开元以后，沙门形地藏成为地藏造像中较为典型的样式❷。头光、身光，而且多现出家像，身穿袈裟，且左手心持有"如意宝珠"，在今天四川重庆地区的石窟中保存有大量有关地藏菩萨的造像，尤以比丘形象居多。根据佛教造像中菩萨、弟子造像的图像志特征，本书认为两会水寺石窟中7号造像作沙门形象手捧如意宝珠应是沿用了唐宋以来流行的沙门地藏样式，故而此像为地藏菩萨的可能性更大。在佛教传入黔地的过程中，黔北一带邻近蜀地，受蜀地佛教的影响❸，唐宋时期流行于川渝地区的地藏信仰及其图像必然会顺势流入黔北的赤水，进而为工匠凿窟造像所利用。

三、两会水寺石窟宗教内涵与造像风格

以上述造像分析为基础，此部分将对两会水寺石窟道场的思想内涵及其风格样式展开讨论。两会水寺石窟造像雕凿于崖壁之上，壁面自上而下共分三层。由于最上层仅刻两尊造像且均为佛像，就造像组合来看无从体现具体信仰，故而将分别就中间四尊造像和下层造像组合关系进行分析，对其内涵作一阐释。中间四尊造像以释迦牟尼为主尊，右侧菩萨手持经卷常见于普贤像的刻画之中，

---

❶ 有关地藏形象种类的详细研究，详见：张总. 地藏信仰研究[M]. 北京：宗教文化出版社，2003：293.

❷ 罗世平先生在《地藏十王图像的遗存及其信仰》一文中，认为开元以后，经善无畏、不空等印度高僧译出《地藏菩萨仪轨》，最终使得地藏菩萨图像样式趋于定型，具体特征包括身着袈裟，项饰璎珞，双手执珠的沙门形特征。详细内容见：星云大师监修，佛光山文教基金会总编辑. 中国佛教学术论典82辑[M]. 高雄：佛光山文教基金会，2003：78-84.

❸ 有关川渝佛教与贵州佛教之关系，详见：黄夏年. 川渝佛教与贵州佛教关系浅论[J]. 宗教学研究，2010增刊：117-121.

该像虽未雕刻白象，但系普贤菩萨当属无疑。主尊左侧菩萨应是文殊菩萨，其形象及装饰较为简洁未表明典型的身份特征，从造像史来看，与普贤菩萨共同作为胁侍菩萨位于世尊两侧构成一佛二菩萨的组合，以文殊菩萨较为常见，此处刻工未雕刻出二位菩萨的坐骑青狮与白象，可能出于技术考虑作了简化。这样一来两会水寺主壁面释迦牟尼与文殊普贤组合，即是典型的华严三圣。而三圣之阐释，华严宗师澄观在《华严三圣圆融观》中曾有明确的说明："三圣者，本师毘卢遮那如来，普贤文殊二大菩萨是也"❶，其中毗卢遮那佛也即释迦牟尼。有关华严三圣图像组合的开展源于华严类经典的翻译与传播，自东晋佛陀跋陀罗翻译《大方广佛华严经》六十卷到唐代实叉难陀翻译八十华严，华严图像伴随华严信仰的流布而传播，据日本学者镰田茂雄的研究："华严三圣像是在中国中唐以后形成的特异的造像"❷。事实上，文献所载华严三圣图像形成可能更早，唐初慧祥在撰述《古清凉传》中提到："中台南三十余里，在山之麓有通衢，乃登台者，常游此路也。傍有石室三间，内有释迦、文殊、普贤等像，又有房宇厨帐器物存焉，近咸亨三年（672），俨禅师于此修立"❸。慧祥所描述的释迦三尊，实际上就是华严三圣。至于华严三圣图像的宗教含义，华严五祖宗密大师（780-841）于太和元年作《圆觉经道场修证仪》中提到："以香泥泥地，悬诸幡花，当中置卢舍那像，两畔置普贤、文殊二象，是为三圣"❹。并进一步阐明三圣像前观想、礼拜、忏悔、发愿的仪式。由此可见，华严信仰体系中，三圣图像所具有的作用不仅是观想，还具有忏悔祈愿的功能。两会水寺石窟华严三圣像很显然依据了华严思想的义理内涵，然而，颇值得玩味的是文殊菩萨左侧雕刻观世音菩萨，构成华严三圣与观音的组合，却较少见于以往的华严系统。若对华严经典详细查阅此组合亦不难解释，唐李通玄在《新华严经论》中指出："观世音菩萨、文殊、普贤，此三法是古今三世一切佛之共行，十方共同。文殊主法身妙慧之理，普贤明智身知根成万行之门，观世音明大慈悲处生死，

---

❶ 澄观.华严三圣圆融观:大正藏，第45册:671.
❷ 镰田茂雄.华严三圣像的形成.详见:杨增文，方广锠编.佛教与历史文化[M].北京:宗教文化出版社,2001:369.
❸ [唐]慧祥撰.古清凉传:大正藏，第51册:1095.
❹ [唐]宗密.圆觉经道场修证仪:新续藏第74册:379.

三人之法成一人之德，号毗卢遮那。一切众生总依此三法，号之为佛。少一不成"❶。

又云："表法身无相慧及根本智，即文殊之行主之。表从根本智起差别行，以普贤主之。表大慈悲心恒处苦流不求出离，以观世音主之。以此三法属于一人所行令具足，遍周一切众生界，教化众生令无有余，名毗卢遮那佛，即明一切处文殊、一切处普贤、一切处观世音、一切处毗卢遮那。乃至微尘中重重充遍"❷。由上不难看出，经典义理在对于华严世界中以毗卢遮那佛为教主，文殊、普贤、观音出现的说明中，强调了三位菩萨共同成就毗卢遮那华藏世界的基本内涵，两会水寺石窟正壁雕凿华严三圣正是赞助者信奉华严的体现。

在两会水寺石窟壁面最下方雕凿有地藏与达摩二尊像，而且合为一龛。据石窟造像与绘画所存资料，地藏多与药师、观音、十王以及弥陀三圣组合，未见有地藏与达摩合龛的例证。达摩系禅宗初祖，禅宗自唐宋时传入贵州，明清时期盛极一时❸，并成为贵州佛教发展史上的主要宗派之一。有关达摩图像，盛唐时亦已出现，其图像特征与罗汉形象几无二致。南宋以降，达摩图像渐趋丰富，尤以头戴风帽、胡貌梵像为标准像，姿势包括立姿中一苇渡江相、坐姿中面壁禅坐相❹。宋以后达摩像除单独绘制雕刻外也常常出现在罗汉群像之中，如十八罗汉。两会水寺石窟达摩形象面若梵僧，头戴风帽，作禅坐之姿，显然采用了历史上流行的梵像禅坐姿。该窟将地藏与达摩同造于一龛，实为孤例，笔者推测匠人在雕凿过程中并没有考虑到图像组合的传统，而是根据黔地文化特点以及工匠的技艺所需进行凿刻。

两会水寺石窟造像数量不多，却反映了具有地域文化特征的文化内涵。唐宋时，朝廷在黔北和黔东地区设置经制州后，一些信仰佛教的中原汉族移民不断进入这些地区，成为佛教在贵州传播的一个因素❺。佛教自唐代从黔北黔东

---

❶ [唐] 李通玄.新华严经论:卷二十一,大正藏 36 册:863,上栏.
❷ [唐] 李通玄.新华严经论:卷三十七,大正藏 36 册:981,下栏.
❸ 王路平.贵州佛教史[M].贵阳:贵州人民出版社,2001:494.
❹ 有关达摩图像的源流详见陈清香.达摩图像与达摩事迹[J].中华佛学学报,1999(12):443-478.
❺ 吴道军,纳光舜,马虹.贵州佛教文化史[M].贵阳:贵州人民出版社,2014:38.

传入，宋代以后，佛寺遍布黔北黔东，史志记载中仅黔北地区寺院可考者达十余所，实际数量可能并不仅限于此，可以说黔北在历史上系贵州佛教最为兴盛的地方❶。从唐到民国黔北佛教共发展成为五大教派，它们分别是佛教第三宗的"天台宗"、第四宗的"华严宗"、第五宗的"禅宗"、第六宗的"净土宗"和第八宗的"密宗"。佛教宗派第五宗的"禅宗"是最先传入黔北地区的❷。所以，两会水寺石窟造像折射出禅宗、华严信仰也在情理之中。从造像风格上讲，唐代的石窟造像以丰肥为美，注重内在精神的流露，主要表现在人物面颐丰满、体态健硕，衣着装饰华丽富贵。进入宋代以后，随着巴蜀地区逐渐成为造像活跃的中心，此时佛像脸颊细腻略呈长形，柳眉秀眼，目光俯视，鼻梁挺直，小嘴薄唇。地处贵州黔北的赤水在清雍正以前曾属四川管辖，历史上与川渝地区文化之间交流频繁，在造像样式上自然要受到川渝地区的影响。据陈垣先生考证，黔地僧人，蜀人居十之八九❸。蜀地悠久的佛教历史势必随着僧人入黔而带动文化上的融合。如两会水寺石窟造像中保存的两处圆形小龛，这种龛形在大足石刻南宋时期的造像中也多次出现。此外，石窟造像须弥座与大足石刻南宋时期造像下面的须弥座在结构上基本保持一样，只是两者的装饰上稍有差别，大足石刻的装饰较为复杂，两会水寺石窟相对简洁。造成这些差异的原因可能是两会水寺石窟造像在人力、物力乃至财力上不及大足石刻，所以对部分装饰加以简化（图4-17）。《贵州省志·名胜志》

（a）两会水寺石窟造像局部

（b）大足石刻造像局部

图4-17 两会水寺石窟造像与大足石刻比较

---

❶ 王路平. 贵州佛教史[M]. 贵阳：贵州人民出版社，2001：21-24.
❷ 禹明先. 黔北佛教史考[J]. 贵州文史丛刊，1991，(4)：110.
❸ 陈垣. 明季滇黔佛教考[M]. 北京：中华书局，1962：37.

一书中指出:"两会水石窟雕塑,从艺术思想渊源来看,可能出自当时外移民中的能工巧匠所制。"❶因而,两会水石窟造像风格样式对川渝两宋石刻造像风格不自觉的继承和借鉴也就不言自明了。

综上所述,两会水寺石窟技术精巧,从中可以看出早期人类活动中工匠的技艺及书法特点,同时也从中可以洞悉早期人类活动的特征,不同地区文化交流的频繁。

第三节 葫市摩崖造像内容与文化内涵

一、葫市摩崖造像概况

葫市摩崖造像位于赤水市赤水镇葫市滩右岸石壁上,凿刻于清乾隆癸亥年,该造像是研究赤水地区造像风格的重要资料,被贵州省于1982年列为省级文物保护单位。葫市摩崖造像雕凿于不规则的崖面上(图4-18),现存有3方摩崖碑

图4-18 葫市摩崖龛像

❶ 贵州省地方志编纂委员会.贵州省志·名胜志[M].贵阳:贵州人民出版社,1987:299.

刻，根据最早的一方碑刻碑文可知雕凿时间为清乾隆八年❶。摩崖前原有王爷庙一座，是过往船只行人祈祷平安的处所，现已不存。为了弄清楚造像的基本情况，对摩崖造像进行系统考察，以期揭示造像的艺术特点。

二、造像内容分析

葫市摩崖造像所在壁面分为上下两排共计12个龛14尊造像❷（图4-19），其中最大的造像尺寸高约120cm，最小的造像尺寸高约50cm。从目前摩崖造像的现状来看，12尊造像保存较为完好，另外2尊造像中，一尊头部已残，一尊造像仅剩头部，现放置在壁面下方的水泥平台上。葫市摩崖造像风格迥异地域特征鲜明，龛形主要有火焰形、圆拱形和方形三种，龛内造像除2号龛为三尊像组合形式出现外，其余均为单尊造像。本文依据实地调查数据所得资料，在调查中对现存的摩崖造像根据其壁面布局进行了编号，以下就具体造像的特征展开分析。

1号龛位于崖壁上排右端，为一火焰形小龛，龛内存有一尊观音菩萨造像（图4-20）。观世音菩萨头戴宝冠，冠上有一尊化

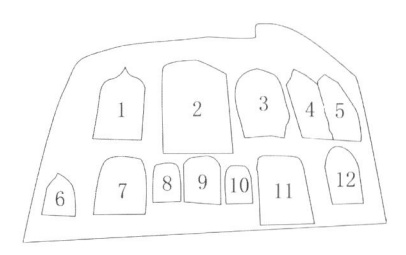

图4-19　葫市摩崖龛像分布示意图

图4-20　1号龛造像线图

---

❶ 在2015年6月第二次复查中发现三方碑刻已经全部遭到破坏。
❷ 原有三排，共计16尊造像，崖壁最顶层的2尊造像因人为损坏，现已不存。

佛。菩萨面部白皙，略呈长形。五官清秀，眉毛纤细、高鼻梁、丹凤眼，目光略向下，神情慈祥温和。菩萨衣饰为金色，上身外披帛，胸前戴璎珞，下身着长裙。右手置于胸前，左手于腹前手心向上，结跏趺坐在须弥座承托的莲台上。在莲台的两侧，各有一小型的莲花台其中右侧已被破坏，其色彩与观世音菩萨坐下的莲台一样，莲台上原来应该有造像，现已不存。观世音菩萨身后有白色的圆形头光，头光内无纹饰。整个观世音菩萨的造型端庄谦和，具有亲和力。

2号龛位于观世音菩萨的左侧（图4-21），为一尖拱形龛。龛内是一尊地藏王菩萨的造像。菩萨脸庞丰硕，头戴金黄色冠帽。鼻梁细挺，眉毛浓黑，双眼睁开，目视前方，嘴唇小巧红润，神情于眉宇间若有所思。菩萨身披金黄色袈裟，双手捧宝珠置于腹前，结跏趺于莲座上。地藏菩萨的莲花座在造型上与观世音菩萨的莲台差别较大，为多层莲座，莲座置于菩萨坐骑的背部之上，形式较为精美。

地藏菩萨的坐骑双眼圆睁，嘴巴露出二颗尖状大牙，头顶有独角，尾巴向上翘，整个面部表情较为温顺，亲和可人。在地藏菩萨坐骑的左右两侧各有一尊立像。其中，左边系道明法师，右边为闵公，两者是父子关系，儿子先于父亲出家修行。两者形象高低一样，服装色彩略有不同，道明法师的服饰浅绿色，闵公则为浅蓝色，道明法师整个形象较为清秀，宛若少年，闵公为中年男子形象，仪态较为端庄。

3号龛位于2号龛的左侧（图4-22），该龛呈圆拱形，龛内造像头戴风帽，双腿结跏趺坐在展翅的鸟背上，造像背后

图4-21　2号龛造像线图

有黄、红、绿、蓝组成的条状结构，应系背光。此尊造像面部长圆，额间有白毫，眉毛乌黑浓密形如弯月，鼻梁高挺，双眼圆睁，目光炯炯有神。脖颈粗短，身披金黄色袈裟，双手合十于胸前。该造像仪态端庄，神情和蔼静谧，从表现技法上看较为简单，给人古拙之感。

4号龛造像为一僧人形象（图4-23），面相长圆，肤色光洁。双眉细弯，鼻梁高挺，眼睛略向下俯视，双耳肥大下垂，小口，下颌略向内，表情安详。身披金黄色袈裟，双手捧宝物，置于腹前，结跏趺坐于莲花台上。

5号龛造像位于崖壁上排的最左端，造像的头部已受到破坏，被放置于窟内的一座平台上（图4-24）。面部略呈长方形，眉毛略弯，鼻梁细长高挺，双耳肥大，眼睛向下俯视，嘴巴小巧，下巴较短。龛内的菩萨身披金黄色袈裟，当胸刻有卍字。双臂向上手部已受到破坏，双腿结跏趺坐于莲台上。莲台呈红色，花瓣边缘为白色，花瓣与花瓣相交的部分为粉色。莲台下束腰为须弥座，束腰处有三尊金色力士承托，中间一尊为正面坐像，全身为金色。左右两侧的力士，各用一只手臂向上伸展作托举状，二力士目光相视，形态略为生动。

图4-22　3号龛造像线图　　　　图4-23　4号龛造像线图

图4-24　5号龛造像线图及头部

6号龛位于壁面下方的最右端，此尊造像上身严重受损，面部与胸部残缺无法辨识。从保存的局部图像依稀可见身披金黄色袈裟，双手作禅定印置于腹前，双腿结跏趺坐在莲台上。莲台分为两层，莲瓣呈红色，莲瓣上绘有白色叶脉，花瓣边沿由白色细线装饰（图4-25）。

7号龛位于1号龛观音菩萨造像的下方（图4-26）。此尊造像仪态端庄，表情肃穆。面部瘦长呈肉色，头戴红色帽，眉毛浓黑，眉际间有白毫，鼻梁高挺，双眼圆睁微微向下俯视。该造像身披金黄色袈裟，双手置于腹前，结跏趺而坐，胸前服饰上有"X"形装饰带，在装饰带的中间为一圆形饰物。

图4-25　6号龛造像及其线图

图4-26　7号龛造像线图　　　　　　　图4-27　8号龛造像线图

8号龛位于7号龛左侧（图4-27），造像面部呈长方形，肤色光洁，眉毛浓黑，眼神瞪大向下俯视，鼻梁部分损坏，嘴唇闭合红润。身穿红色交领长袍，右手扶在支起的右腿膝盖上，左手自然搭在盘起的左腿上，神态悠闲自在。

9号龛位于8号龛的左侧（图4-28），龛内一座庙宇顶上置有一尊石碑，刻有"王爷庙"三个字。

10号龛位于"王爷庙"左侧（图4-29）。此尊造像面部原为肉色，现受到破坏肤色黝黑。脸型略长，眉毛短而黑，双目瞪大呈俯视下方之状。该造像右腿支起，双手扶膝，左腿盘曲，坐在台座上。着装为绿色，其间由白色图案点缀，双肩处披有长帛，从衣纹技法上看，雕刻细致流畅。

11号龛位于10号龛左侧（图4-30）。此尊像为长者模样，铿锵有力，威仪可畏。头

图4-28　9号龛造像线图

图 4-29　10 号龛造像线图　　　　图 4-30　11 号龛造像线图

戴冠帽，五官刻画略显失衡。双眉浓密，双眼大睁，嘴唇微张，唇上及下巴蓄长须，上嘴唇胡须呈半圆形，下嘴唇胡须呈三角形。身披铠甲，腹前饰有一兽面形象，牙齿外露，面目狰狞。此尊像左手执物平放于大腿上，右手上举，手捧一物，物品现已残损。双脚蹬黑靴，左脚踩在一只貌似黄色老虎背上，右腿向外倾坐于平台之上。值得注意的是，在老虎的刻画上，鼻子的刻画类似猪的造型，从造型上看，老虎的身子侧斜，前脚向前跃作奔跑之状，身上几道黑色条纹格外醒目，再加上向上翘起的尾巴，整个形象憨态可掬，惟妙惟肖，异常生动。

12 号龛位于崖壁下排的最左端，该造像应系美髯关公❶（图 4-31）。头戴兜鍪，面部呈长方形，肤色光洁，五官清秀，表情严肃。右手举斧，左手握剑，侧身坐在奔腾的马背上。关公身披铠甲，衣衫随风飘动。扭动的身姿与奔驰的骏马相映成趣，造型生动有力。

---

❶ 赵丽娟在《赤水河畔》一书中，将关羽造像描述为手持大刀的形象，经过实地考察发现该描述与实地的关羽造像存在较大偏差，此处关公造像为手持斧头的形象，而非大刀。详见：赵丽娟. 赤水河畔 [M]. 北京：中国电力出版社，2007：143-144.

图4-31　12号龛造像线图

三、造像文化内涵

　　葫市摩崖群左面石壁上，有阴刻造像题记。题记由于风化，侵蚀较为严重，大部分文字已无法辨认。葫市摩崖造像涉及的形象较多，有菩萨、佛像、关公等，由于没有确切的题记，对判断这些造像的具体身份带来了一定难度。虽然目前造像已多有残损，但是葫市摩崖造像反映了地处川贵交界的民间文化交流的历史渊源。葫市摩崖造像融合了儒、释、道三教思想，从中也可看出贵州地区民间造像的技艺特点：造像的技艺并不高，形象简洁质朴。自宋元直至明清，三教合流一直是社会发展的主要趋势，在现存的辽金元墓葬壁画、卷轴画以及明代版刻画中皆有体现，如叶茂台辽墓卷轴画《深山会棋图》、宣化辽墓《三教会棋图》、明代版刻《三教源流搜神大全》等。有关贵州的三教流布情况，已有学者研究指出明代贵州许多地方的佛教活动，都明显带有佛、道、儒三教合一的痕迹❶。

总体看来，在清朝以前，贵州北部属四川辖制，无论政治、经济还是文化受巴蜀影响实属情理之中。葫市摩崖造像从体型上来看，比例较为适当，若与乐山、大足摩崖相比，颇有其流风余韵。从目前保存下来的造像看，该造像是我们了解当时黔北社会文化以及清代贵州地区文化交流及传播情况等方面的重要资料，可惜在第二次实地考察的时候，发现又有几尊造像受到人为因素的破坏，其保护状况令人忧心。

第四节　石鹅咀摩崖造像及其相关问题探讨

一、关于石鹅咀

石鹅咀摩崖造像位于赤水市旺隆镇朝阳村一陡峭崖壁上，凿刻年代不详，该造像是黔北地区保存较完整、规模较大的一处摩崖造像，1982年2月贵州省人民政府将石鹅咀摩崖造像列为重点文物保护单位。石鹅咀摩崖造像对于研究贵州、四川等地摩崖造像的特点以及社会经济发展具有重要价值，本节在实地调查的基础上，对石鹅咀摩崖造像进行初步的分析与研究，以便于对石鹅咀摩崖造像有更深入的认识。

"石鹅"的由来据村民介绍因崖壁形态远远望去犹如天鹅昂首，故而称为石鹅。有关石鹅咀摩崖造像在当地流传着这样两则传说❷。

第一则传说讲述了"草寇"毛相岳的一段经历，作为传说中的人物，毛相岳通过智勇谋略在石鹅咀打下了一片天地，并自封为王。朝廷得知毛相岳竟擅自称王之后，于是敕令军队追剿，毛相岳骑马率众跑到红石梁，此山海拔约

---

❶ 贵州省宗教学会编.贵州宗教史[M].贵阳：贵州人民出版社，2014：39.
❷ 关于石鹅咀摩崖造像的两个传说系笔者据朝阳村罗支书口述整理而成，于此谨表谢意。

1200m，站在山顶上视野十分开阔，此时，前无道路后有追兵，面对这一情形，毛相岳对自己的坐骑说道："如果你能带我跨越此处山崖，使我脱离险境，他日我将自己的像凿刻在崖壁上以纪念其功劳。"话音刚落，马儿腾空一跃，帮助毛相岳脱离了险境。后来毛相岳兑现自己的承诺在崖壁上塑造了自己的像。

第二则故事讲述的内容是古代石鹅咀地区曾发生过一场"瘟疫"，由于病症罕见，当时无人能医治该病，患病者苦不堪言，村民惶恐不安忧心忡忡。此时有位懂医术的父母官——毛相岳，得知瘟疫的情况后，独自身入深山之中寻找能够治病的草药。经过几番艰辛的努力，终于在一处山崖上找到几颗草药（金钗石斛），毛相岳亲自试药之后，将草药与鹅肉同时熬制，患者服用后痊愈。毛相岳悬壶济世医德高尚，深受人们的尊敬和爱戴，其中有一户村民为了感谢毛相岳的救命之恩便在采摘草药的山崖，为其造像以作纪念。两则生动的故事虽然内容各有不同，却有着共同的主角——毛相岳，由此来看，摩崖造像应系为毛相岳所凿刻的可能较大。

另据朝阳村罗支书介绍，民间传说中另有一则寓言故事：在石鹅咀造像的背后朝向四川合江方向有一晒谷坝，该处有一户人家，早上在谷坝上晒粮100斤待晚上收粮的时候却变成200斤，如果晒粮500斤待晚上收粮的时候会变成1000斤，总之不管晒多少粮食总会有双倍的增长。后来该户的两位兄弟见状起了贪婪之心想要分家，两人为争抢谷坝互不相让，最后从坝中间凿开一条裂缝以示公平，此后，再晒粮却无丝毫增加，至今，这条裂缝在山岩间仍能见到。从石鹅咀摩崖流传的民间传说来看，故事内容充满幻想和趣味，具有道德鉴戒的意义。人物、事件虽已难考，但一览之余，为石鹅咀摩崖增添了几分神秘的色彩。

二、石鹅咀摩崖造像

石鹅咀摩崖造像位于距离地面约8m高的崖壁上，包括立像、龙头、鳞鳍、海浪和无字碑五个部分，现就造像的特征做一分析。

1. 立像

该像为一高约2m的高浮雕立像（图4-32），头发乌黑茂密，脸庞丰满，肤色白皙，眉毛细长，鼻梁微挺，双目圆睁，肃穆的神情流露出一种庄重之感。此像衣饰装束精美，上身穿宽袖长袍，双手置于胸前，其中右手放置于左手心上，下身穿有宽松的长裙，中间刻绘一个"寿"字，长裙下方履尖显露立于龙头之上。

2. 龙头

位于立像脚下，雕刻细致，五官分明，眼睛半睁，嘴巴微向上抬，神情栩栩如生。龙在古代常视作天子的象征，将摩崖造像雕刻在龙头上，结合上述民间传说故事，应是为表达村民对毛相岳的尊敬之情而设计。

3. 鳞鳍与海浪

分别位于龙头两侧，主要用来代表海洋，寓意表现龙在大海中游弋的情景。

4. 无字碑

此碑位于石鹅咀摩崖造像右侧（图4-33），上无文字，故称无字碑。该碑高150cm，宽105.5cm，侧深9cm，碑身二侧的边宽为24cm。碑首呈三角形，中

图4-32 石鹅咀摩崖造像及其线图

图4-33 无字碑

线高约30cm。经过考察发现，碑面自然平整未见凿刻痕迹也未见任何题字，可见并非风化所致。为什么没有在上面题刻文字呢？修建碑的主人是基于怎样的考量呢？从访问当地村民口述可知，相传在凿刻该像时，由于建造者没有文化，资金又短缺，所以不再凿刻题记，以此达到"文盲孝子留绝密"的效果，毕竟石碑不立文字能留给后人更多无限的遐想。传说的真假虽有待考证，但是从石鹅咀的区域特征观察，该地区古代属偏僻落后之地，人们的文化程度普遍较低，无字碑或许正折射了古代石鹅咀社会发展的现实状况。

今天我们所看到的石鹅咀摩崖造像斑斓的色彩并非原貌，由于文保意识淡薄，几经后人反复涂绘，自石鹅咀摩崖造像被确立为省级文物保护单位后，这种"敷彩"的行为才被终止。

三、立像身份考析

关于唯一一尊立像的身份，当地人多将其称为"大佛""菩萨"，在人们心中"大佛"也就是"菩萨"，两者等同。事实上，从造像的特点来讲该像并不具有佛教中"释迦牟尼佛"和"菩萨"的基本形象特征，而且此造像所处的地方也不是真正意义上弘扬佛教教义的场所。这种状况大抵是由于在时间的变迁中，人们不自觉的加上了一些神秘色彩所致。巫鸿在其著作《礼仪中的美术》里面关于《早期中国艺术中的佛教因素（2—3世纪）》一文中曾指出："只有那些传达佛教思想或者用于佛教仪式或佛事活动的作品，才可以被看作佛教艺术品。我们不能期望仅凭它们的形态、或者仅凭其与某些可比物之间的些许相似来确定这类艺术作品的内涵；我们还必须注意作品的功用，及其赖以产生的文化传统和社会背景。"❶佛教传入汉地之初，很大程度上将佛作为一个外来的神祇来对待，中国早期佛教文献中就有诸多记载。根据《后汉纪》云："佛身长一丈六尺，黄金项中佩明光。变化无方，无所不入，故能化通万物而大济众生"❷。牟子的《理惑论》对佛则有更为细致的描写："佛者，谥号也。犹名三皇'神'五帝'圣'也。佛乃道德之元祖，神明之祖，能圆能方，能老能少，能隐能彰。蹈火不烧，履刃不伤，在污不染，在祸无殃。欲行则飞，坐则扬光，故号佛也"❸。随着佛教在中国的不断发展与传播，虽然魏晋隋唐也曾经历佛教的繁华，呈现"户户阿弥陀、家家观世音"的景象，但是随着宋代以后佛教渐趋世俗化，佛教占据社会主导信仰的优势被世俗的浪潮消解了。

关于石鹅咀摩崖造像的具体年代现在无法详考，一方面由于史料以及现存碑刻文字的缺失带来的困难较大；另一方面造像原有色彩的消失无法作年代上的分析。但是，石鹅咀摩崖造像与川南地区的佛教造像有着渊源关系当是无疑的，无论题材内容还是雕凿技艺都反映了地域文化互动影响下的造像艺术特征。该造像对研究贵州与四川地区的历史文化关系、艺术渊源来说都是不可或缺的实物。赤水地区早在清代前曾归属四川管辖，在经济文化上自然会受到蜀地的影响。

石鹅咀摩崖造像古拙而又饱含意味，造像、无字碑、传说……在真实与虚

---

❶ [美]巫鸿.礼仪中的美术——巫鸿中国古代美术史文编下卷[M].郑岩,等译.北京:生活·记忆·知新三联书店,2005:290.
❷ 袁宏.后汉纪:卷十[M].上海:上海书店,1989:112.
❸ [梁]释僧祐·弘明集:卷一,大正藏第52卷:2.

构之间，是故事又是历史，足以令观者置喙。作为历史文物，石鹅咀摩崖造像已然构成了地方经济发展与文化传承的纽带。时下，旺隆镇政府，已将石鹅咀摩崖作为展示区域文化的一张亮丽名片，吸引更多的游客到此领略其蕴含的艺术魅力。此外，传说故事中治病的草药金钗石斛也被称为"活宝贝"名列"九大仙草"之列，旺隆镇因此荣获中国"金钗石斛城"的美誉。

本章小结

  纵观而论，赤水地区的石窟摩崖造像，无论是题材、风格还是技术上皆体现了民间宗教物质文化所具有的地域特征，反映了造像艺术在特点上既与文化交流互动有关，又与民间文化密切相连。值得注意的是，赤水于北宋大观年间建置，时属滋州仁怀县，而明洪武十四年，仁怀县隶属四川行省遵义军民府，直至雍正六年遵义府才改隶贵州。其中，两会水寺石窟邻近仁怀县治所，石窟门前曾有一条通往川南的驿道，古道上往来的人们无疑会在频繁的交往中拉近黔北与川南两地的关系，包括人文历史、造像艺术等。尤其是四川深厚的造像艺术传统必然会对该地区产生深刻影响，这种影响通过赤水石窟造像在样式上与四川地区造像之间的相近性可见一斑。赤水地区石窟摩崖造像形象生动，技艺精湛，思想内涵深刻对我们研究造像艺术及当地文化交流具有重要的价值，是难得的第一手实物资料。然而，令人担忧的是，在对葫市摩崖造像多次调查过程中发现在不到一年的时间里，部分造像受到人为因素的破坏，受损程度日渐严重，应该引起相关部门的注意，毕竟没有这些物质文化遗存历史将会失色许多。

第五章

石崖之书——题刻与碑刻

题刻与碑刻系贵州重要的一项物质文化遗产，以岩石、崖壁为载体，遗存的数量颇丰。相较于纸质材料，题刻与碑刻因便于保存信息，故而作为学术研究的原始资料和关键材料备受重视。本章在参鉴前贤学者研究的基础上，对贵州题刻与碑刻在内容上分别进行分类，并结合史料文献，对其意涵及价值作出初步的论述。

第一节　题刻内容分类与意涵

贵州摩崖题刻不仅分布广泛，内容也十分丰富。笔者于2014年对摩崖题刻展开实地调查，并进行了测量，在材料的收集与整理过程中发现，题刻所题写的内容无论字数的多寡与字体的大小，都包含着深刻的思想内涵。摩崖题刻以其书写优美、文字简练、意涵深邃等特征赋予了山岩鲜活的生命力。揭示题刻背后隐藏的文化与内涵，对于了解贵州的历史文化是有益的补充。本节以晴隆"欲飞"题刻、他山摩崖、福泉高石头摩崖、瓮安偏岩摩崖、花溪"是春谷"、兴义"西南屏障"石刻、遵义禹门山摩崖等七处题刻为对象，按照题刻涉及的内容分为传说、征战、名仕三个类别，在客观分析摩崖题刻的基础上对其意涵逐一展开解读。

一、题刻与传说

传说类题刻一般来说系建立在特定真实内容基础上，经过人们的口耳相传，带有历史性、传奇性色彩的一类故事。下面以晴隆"欲飞"摩崖题刻为例，对这一赋予传说的题刻内容及意涵作一阐述。

(一)晴隆"欲飞"摩崖题刻

当文字被匠人凿刻于山岩的时候,历史便诞生了,内容越是简洁,越是令人产生想象。在贵州众多摩崖题刻中,晴隆"欲飞"摩崖题刻就属于这一类。"欲飞"摩崖题刻位于晴隆县莲城镇飞凤山半山上的一块巨石上(图5-1),该石呈倾斜状,正面较为光滑平整,根据测绘所得数据:巨石长904cm,宽575cm。"欲飞"摩崖共有题刻4处,其中诗刻2处,题刻文字秀丽、书风优美,于1982年被列为贵州省省级文物保护单位。

图5-1 晴隆"欲飞"摩崖题刻

(二)摩崖题刻内容

1. "欲飞"

"欲飞"摩崖题刻系阴线刻,楷书繁体书写,按照从右到左的顺序在巨石上书写"欲飞"二字。其中"欲"字宽338cm,高263cm,"飞"字宽339cm,高234cm,"欲飞"二字间距为21cm。"欲"字与巨石顶端的距离为185cm,与右侧诗刻的间距为32cm,"飞"字与巨石顶端的中线距离为120cm,与左侧诗刻的间距为26cm。"欲飞"摩崖题刻由于受到环境以及人为因素的影响,有所损坏,其中"欲"字局部受损严重。

2. 诗刻

"欲飞"摩崖题刻左右两侧各有诗刻一首。

第一处诗刻位于"欲飞"题刻"飞"字的左边（图5-2），字体为行楷、阴线刻。诗的内容为七律诗，按照由上至下，从右向左的顺序书写。此诗题刻于清乾隆五十一年，原诗刻曾遭毁坏，今天所能见到的诗刻面貌已经过后期修复，共有7行66字。

根据现场抄录文字内容为：

未甘雌伏许多年，愿际风云飞在天。荞翮岩阿毛独满，刷翎泉石翅联翩。渐磐有意凭雕琢，抱璞无缘情镂镌。补缺娲皇传月古，漫同坚确没荒烟。

诗题刻于一个长方形石框内，整体宽为67cm，高129cm，诗刻右侧与"欲飞"的"飞"字间距为26cm，顶部与诗刻的距离分别为左108cm，右151cm。诗刻内顶部文字与石框边缘线的距离为12.5cm，左边字与石框的边缘线距离为6cm，右边字与石框的边缘线距离为5cm，其底部字体与石框边缘线的距离为8cm。

第二处诗刻（图5-3）位于"欲飞"题刻"欲"字的右上角，楷书、阴线刻，全诗共40字，按照自上而下从右到左的方式书写4行。笔力雄健，融合柳、颜笔锋为一体，是时任县令桂良所书，刻于清光绪庚子年（公元1900年）。

其诗内容为：

磅礴郁津，欲飞何年；予叱且止，留缺补天。

全诗宽为90cm，高164cm，诗刻左侧文字与"欲"字的间距为32cm。诗顶

图5-2　左边诗刻　　　　　　　图5-3　右边诗刻

部与石框边缘线的距离为23cm,"大清"的"大"字与顶部石刻的边缘线距离为33cm。而另一列的"署"字与顶部石框的边缘线距离为54cm,底部落款处字体与边缘线的距离为4cm,诗的行间距为14cm,诗与落款之间的行间距为13cm。

3."见贤思齐"题刻

"见贤思齐"题刻(图5-4)位于"欲飞"摩崖题刻右前方不远处,由于此处接近地面,绿草丛生,在草丛中有一块长约197cm,宽62cm的石头上,按照现代的书写习惯从左到右刻有"见贤思齐"四个大字,字体为隶书,采用阴线刻。每字高约47cm,字与石头顶部的边缘线为4.5cm。其中,"见"与"贤"的字间距为10cm,"贤"与"思"的字间距为13cm,"思"与"齐"的字间距为5cm。

图5-4 见贤思齐

(三)"欲飞"摩崖题刻意涵

"欲飞"二字雄健有力、浑厚又洒脱,不但有颜真卿的"筋",又有柳公权的"骨"。"欲飞"摩崖题刻系何人书写?因何缘由在此处所写?据《安南县志》记载:"城西文庙有'欲飞'二字,为明朝总兵邓子龙书"。关于邓子龙的生平学界已经有过研究[1],本书仅就有关"欲飞"题刻的传说及传说与邓子龙之关系作一简短论述。

1.邓子龙的故事

关于邓子龙其人《明史》记载甚详:"邓子龙,丰城人。貌魁梧,骁捷绝伦。

---

[1] 杨正贤.邓子龙述评[J].凯里学院学报,2014(1):5-8.

嘉靖中，江西贼起，掠樟树镇。子龙应有司募，破平之。累功授广东把总。万历初，从大帅张元勋讨平巨盗赖元爵。已，从平陈金莺、罗绍清。贼魁黄高晖逸，子龙入山生获之。迁铜鼓石守备。寻擢署都指挥佥事，掌浙江都司。被论当夺职，帝以子龙犯轻，会麻阳苗金道侣等作乱，擢参将讨之。大破贼，解散其党。五开卫卒胡若卢等火监司行署，挞逐守备及黎平守。靖州、铜鼓、龙里诸苗咸响应为乱。子龙火其东门以致贼，而潜兵入北门，贼遂灭。"❶邓子龙作为明代著名军事家，通过明史的记录可见其一生事迹，参与过抗击倭寇的战争，镇压农民起义，斩杀入境的缅军木邦部罕虔，领兵支援朝鲜参加对日战斗等，直到在著名的鹭梁海战中不幸阵亡，他的一生也未能逃脱与战争的联系。然而正是经历的无数战争赋予了邓子龙传奇的人生。相传，他曾救过努尔哈赤，清廷建立后，努尔哈赤为了报答当年的恩情，为邓子龙立庙，将他的神位放在清朝圣殿的"堂子"中进行祭祀，堂子即"邓将军庙"。时至今日，贵州、广西、湖南等地仍有邓子龙"斩龙"这样的民间传说，且留有"斩龙"的遗迹。

邓子龙不但军事上有才华，而且还善于书法，凡是他所到之处，总喜欢题诗赋对。据史料记载，邓子龙在万历年间任湖南靖州参将时，经常登飞山题诗刻石，书法遒劲，人们视为珍宝❷。在平定中潮、上黄、皮林、六龙图一带的苗侗少数民族起义后，邓子龙在黎平县肇兴镇皮林村的石帽山上，刻有楷书"过化"二字，字体洒脱气韵生动。此外，邓子龙还留有著作于世，如《横戈集》（诗集）、《阵法直指》（兵法）及《风水说》等。

2. 邓子龙与"欲飞"摩崖

"欲飞"摩崖题刻传说为邓子龙登城巡视时，望见一块光滑舒展的巨石，犹如大雕展翅欲飞之势。凝想之中，引起心中无限遐想，于是在这块巨石上写下了自己的一腔抱负。邓子龙手捋战袍，右臂正欲挥毫落墨之际，忽感觉笔不合适，于是将笔甩于身后，随手抽出自己身上的三尺龙泉剑，割下锦袍、饱蘸浓墨，"欲飞"一气呵成。"欲飞"摩崖石刻除了展现书法的艺术性之外，更多地

---

❶（清）张廷玉，等. 明史：卷二百四十七，列传第一百三十五[M]. 北京：中华书局，2000：4285.
❷ 贵州省文史研究馆点校. 贵州通志·宦迹志[M]. 贵阳：贵州人民出版社，2004：200.

折射出邓子龙的英雄气概与豪迈之情，正如他在皮林村书写的"过化"二字。"过化"取自论语"君子过者化也"，借此表达自己对少数民族起义的不满，同时也表达了平乱军人的心声，映射出明朝对少数民族的政策以及背后的历史，象征着朝廷的威严与汉文化为中心的大一统意识。

"欲飞"题刻横卧在飞凤山的半山腰，此山并不陡峭，坡度较为缓和，人站在山顶，全城便尽收眼底。当人下山的时候，由于山势的原因，易使人产生"飞奔"的感觉，诸如现在世界各地举办的飞翔大赛，选手也是处在较缓的山坡上，向山下作俯冲之势，从而完成飞翔。试想当年邓子龙站在山上，俯瞰整个山脚，下山的时候，也会感受到山势带来的飞翔之感，同时回想起自己的经历，难免一时起兴书写"欲飞"二字，以表达自己在战事上的胜利。结合当时的时代环境，缅甸正威胁着云南边境的安全，"欲飞"也暗示了他将要离开飞凤山，到云南抗击缅甸的入侵，故而这里的"飞"一方面代表所在地——飞凤山，另一方面暗示其将要离开。至于说"欲飞"为什么刻在摩崖上面，从材质的属性讲，石头自身坚硬不易损坏且保存时间长，进而引申为"不死"的象征。这样一来，除了"欲飞"石刻自身所具有的书法价值外，此石刻还带有一定纪念碑性的礼仪功能。

"欲飞"题刻地还是古代文人墨客游玩的处所，清人舒柱石亦在《咏晴隆八景·欲飞石》中颂到："欲飞飞到凤凰池，雨洒金街草木知。莫忙亭中沽酒去，等着台前待月时"❶。今天，"欲飞"题刻作为晴隆八景之一，正以其动人的传说故事吸引着游历于此的客人。

二、题刻与征战

题刻内容是认识历史的一个窗口，征战类题刻常常记载了与史实有关的战争事件，福泉高石头摩崖和瓮安偏岩摩崖，系贵州摩崖题刻记载征战为数不多的两处题刻，下面将根据题刻内容结合具体史实作一论述。

---

❶ 中华诗词学会图书编著中心,等.贵州诗词卷:上[M].北京:中国文联出版社,2009:114.

（一）福泉高石头摩崖

福泉高石头摩崖在福泉县城北6公里茅沟堡小学后约400m处（图5-5），高石头摩崖由于在形制特征上特别像人，因此又被称为"石秀才"，其上面的文字凿刻于明朝万历二十八年。

图5-5 高石头摩崖周围环境

1. 摩崖题刻内容

高石头摩崖高约10m，摩崖文字位于石头的上部（图5-6），文字内容高约1.77m，宽约1.1m，共计132字，主要内容为：

余奉提兵四万，出平越卫讨叛播杨应龙。渡疆界河、破黄滩关，直捣贼囤。因擒斩五千级，招降二万，余不（出）三（月）而祛凶，奏凯道经此石，因纪其事而识之。"王师赫赫，征播凯旋。狂寇殄灭，边徼重迁。辑安三省，廓清八埏。勒石纪绩，于万斯年。"明万历庚子岁六月望日，奉敕镇守贵州兼提督湖川等地方总兵官、中军都督、同知楚人李应祥识。❶

图5-6 高石头摩崖

---

❶ 高石头摩崖距离地面较高故而未能抄录碑文内容，此处引自：黔南布依族苗族自治州史志编纂委员会. 黔南布依族苗族自治州志·文物名胜志[M]. 贵阳：贵州民族出版社，1989：72-73.

2. 相关史实

福泉高石头摩崖记述了明朝万历时期发生的一次重大的军事事件，即贵州地区苗族播州土司杨应龙为维护其权益，反抗朝廷官员对少数民族土司的歧视与压迫，与朝廷发生了征战。这场战事从明朝政府直接派出军队到最后战斗的结束，历经114天，以朝廷的胜利结束，而发动战事的杨应龙以自杀告终。但是，这场战争也暴露出三个方面的问题：

（1）改土归流。经过这场战斗，使得明政府认识到以前对待少数民族的政策经过时代的变迁已经不能够适应社会的发展。早期的土司政策在明代以前对稳定、巩固民族团结乃至推动经济的发展方面都起到了积极的作用，但是这种政策经过长时间的发展造成地方政权日益强大，并且各土司间为了财富、地位时常发生内部的战争，有时地方政权公然对抗政府的政令，这并不利于朝廷对地方的管理。

（2）早期明政府派驻少数民族的官员为了维护地方的稳定，不仅对少数民族的首领比较尊重，同时也尊重民族百姓的生活习性。但随着社会的稳定，明政府官员的思想发生了偏离，在一定程度上使明政府与地方的矛盾不断加剧。

（3）明初政府为了维护国家的安定，军队纪律严明，明后期随着国家财富的增加，其政府官员腐败，导致军队军纪散漫。这直接影响了战斗力，更不能对少数民族的敌对势力起到震慑，反而对地方政权的反抗起到了推动作用。

（二）瓮安偏岩摩崖

瓮安偏岩摩崖位于玉山镇龙蟠村（原思里坪）外的一处陡峭崖壁下面，摩崖刻于明景泰四年十二月二十五日，该摩崖于1985年被列为贵州省省级文物保护单位（图5-7）。

1. 摩崖题刻内容

瓮安偏岩摩崖文字阴刻、魏体楷书、每字高约6cm，宽约6.5cm（图5-8）。

摩崖主要内容：

大明景泰四年，皇上命督察院右都金御使蒋林、总兵管左都督方英统领，亲诣四川播州宣慰司所辖安抚司地名中泽、深溪、地平等寨，攻剿反寇黄隆、

图5-7　文物保护单位标识　　　　　　　　图5-8　瓮安偏岩摩崖

韦保等巢穴，皆被官兵克破，房俘于朝，明正其罪，枭首分尸。家下大小贼属并贼党，先行凌迟支解。翌日口尽为鬼魁，家财房屋荡然一空。呜呼！贼首黄隆、韦保同叔弟等，不思各身如蛆蚁之物，专敢悖逆不道，纠集党类，风侵边境。皇上一视同仁，恩敷四海，普天率土，咸乐雍熙，不忍加兵杀戮，已经六年。遣命大臣招抚，岂期各贼心怀奸诈，冥顽负固，随降随反，遂命本职等统率军抵剿剿杀，致有今日粉骨之祸，悔不及矣。今已剪除，而地方安妥，本职等班师回还，特镌之于石。以戒将来，毋蹈前非。景泰四年十二月二十五日。都察院右佥都特御蒋识总兵官左都督方。❶

根据文中内容可知，此碑记载了1453年，景泰帝命令蒋林和方英率军平叛一起贵州农民起义事件的经过，包括围剿领导人黄隆与韦保，并将二人抓获最终分尸等。

2. 相关史实

瓮安偏岩摩崖系明朝一处以官方口吻记述的题刻，摩崖上记载，瓮安思里坪人黄隆、韦保聚苗族人起义于龙骨山，后与黄平各苗族人义军结合，攻克平越卫、黄平、石阡、思南等城，杀死石阡知府胡信之。直至景泰四年，又派都察院右佥都御史蒋林、总兵官左都督方英"抵剿剿杀"。起义失败，黄韦二人被押解京城处死。事后，明军在黄、韦故里偏岩刻石"记功"，并威吓老百姓"毋

---

❶ 在考察过程中，瓮安偏岩摩崖下半部分文字由于被埋入泥土，无法辨识，此碑文详细内容见：贵州省地方志编纂委员会. 贵州省志·文物志[M]. 贵阳：贵州人民出版社，2003：271-272.

蹈前非"云云。从其内容上看该摩崖虽是记录事件，事实上是朝廷军队为彰显其威，警示百姓而作。起义并非无故爆发，明正统九年，贵州旱灾严重，产生了大饥荒，百姓生活困苦，地方官府不但没有帮忙解决百姓生活上的困难，反而加大剥削，造成许多百姓死亡，正是在这种情况下，爆发了起义。瓮安的黄隆和韦保也积极响应，并自称"平天大王"，表明起义目的在于除暴，攻占石阡府并杀死知府胡信，起义节节取得胜利，之后赤水、镇远也发生起义，起义军相互联合，声势浩大。同年三月，黄隆和韦保联合起义军10余万人将平越卫包围达9月久，使得平蛮将军闻风而逃，后朝廷改梁瑶为平蛮将军，方英为副右总兵前来镇压，付出沉重代价后才解除围困，但起义军仍然保存较大势力。1452年朝廷派大员剿将平定起义，皇帝亲派总督王来以及总兵梁瑶并会同四川巡抚共同发动对起义军的"围剿"，起义军也调整了战术，其中兴隆苗民攻打清平卫等地，牵制了官军，使得黄隆和韦保的力量保存下来，迫使朝廷军队调整策略，1453年12月朝廷再派都察院右佥都御史蒋琳、总兵官左都督方英率重兵进行镇压，双方力量差距较大，最终起义失败。这场战事历时9年，涉及贵州大部分地区，朝廷三次派军队才将起义军镇压下来，朝廷和起义军为此都付出了惨重的代价。起义的发动由于政府长期对百姓的无视及地方官员的腐败，而导致了官府和百姓间长期形成的矛盾加深。

虽然瓮安偏岩摩崖题刻讲述了朝廷对起义军围剿的胜利，但是我们还应在官府镇压的过程中看到百姓敢于反抗、敢于抗争的精神，但可惜的是现在瓮安偏岩摩崖几乎被埋进山路内，露出地表的部分文字已经分辨不清，若再不加以保护，瓮安偏岩摩崖这样的史料将很快从公众视野消失，明朝时期瓮安思里坪人黄隆、韦保为何带领苗民起义、起义的目的以及当时的战斗情况也恐将淹没于历史之中。

三、题刻与名仕

名仕多指历史上有名望和声誉的人，在贵州摩崖题刻中名仕参与题刻不在少数,本处以余庆"他山"摩崖、花溪"是春谷"摩崖、兴义"西南屏障"题刻和遵义禹门山摩崖四处为例,对名仕类题刻内容及意涵逐一详述。

(一)余庆"他山"摩崖

余庆"他山"摩崖位于余庆县松烟镇松烟村西南的后山上。"他山"摩崖系学者钱邦芑隐居松烟村时所镌刻。钱邦芑曾经为官,后由于多种原因隐居贵州余庆县松烟镇,在此地教书育人,筑堤为湖,并在崖壁上留下了大量的摩崖题刻,这些题刻文字不仅有着很高的文化价值,而且蕴含着钱邦芑对生活的一种理解,被人称为"他山"摩崖,1985年被列为贵州省省级文物保护单位(图5-9)。

图5-9 文物保护单位标识

1. 钱邦芑其人

钱邦芑,江苏省丹徒人,字开少,明朝永历年间曾在四川任职,后削发出家,号"大错和尚"。据《余庆县志》记载,永历初年,孙可望入黔,得知钱邦芑诗文著名,强迫他接受伪官职位,但他深知孙可望狡诈,坚决不受,出家为僧,先后隐居于余庆的蒲村、湖南衡山等地,遗著有《读高士传》六卷,《史切》二十卷,《随笔》六十卷,《他山·易诗》二十四卷,《焦书》二十四卷,《古乐府》八卷,《诗话》二十卷,《鸡足志》《九嶷志》《浯溪志》若干卷,《十言堂诗文集》各十六卷❶。钱邦芑最初隐居在绥阳县公水坝,住在寓敷勇卫(今修文

---

❶ 有关钱邦芑的详细介绍详见:贵州省余庆县地方志编纂委员会. 余庆县志[M]. 贵阳:贵州人民出版社,1992:837-838.

县）的潮水寺，改寺名为知非庵。之后迁余庆县蒲村（今松烟村西南），在此结茅而居，名曰"小年庵"。村中有小山及湖泊，并有七十二泉，大约百余亩，当时村中风景怡人，钱邦芑育人的同时，在山间崖壁上刻"他山"两字，所以村中湖又被称为"他山湖"。此外，钱邦芑还撰写有文章《他山记》与《他山赋》，用来称赞这世外桃源的景色，吸引诸多文人前来与钱邦芑一同领略其中的乐趣。钱邦芑目睹了世间的是是非非，自己的理想抱负也未能实现，可能看透了世事无常的道理，便削发出家，居住在西来寺，号"大错和尚"，后来又在蒲村隐居多年。康熙十二年在宝庆病故，终年74岁。

2."他山"摩崖题刻内容

"他山"摩崖除此二字刻于陡峭崖壁上，其余题刻均分散于怪石中，主要有"流云""翠屏""云归处""钱开少放歌处""永历丁酉春题""云房""九回峰""梅仓""洞天""霹雳崖""藏书崖""回岚穴""米丈""石浪""断烟""应接不暇""留云峡""石帆峰""石浪""断烟"等。有关题刻的具体状况在实地调查中逐一进行了测量，以下根据调查数据为主对题刻作简要介绍。

（1）"应接不暇"题刻（图5-10）所处的崖壁宽200cm，高330cm，四字为阴刻、楷书，文字离地面95cm。其中："应"字长14cm，高12.5cm；"接"字长14cm，高为5cm；"不"字长13cm，高10cm；"暇"字长14cm，高13cm。"应"字与"接"字的间距14cm。"接"字与"不"字的间距为5cm，"不"字与"暇"字的间距为6cm。"应接不暇"所处的位置景色宜人，步移景异令人目不暇接，故得此名。

（2）"留云峡"（图5-11）题刻所在岩石高248cm，三字为阴刻、楷书，文字离地面76cm。其中："留"字高13cm，宽11cm；"云"字高13cm，宽11cm；"峡"字高13cm，宽14cm。"留"字与"云"字的间距为1.5cm，"云"字与"峡"字无间距。此处的崖壁较高，站在下面向上望去，好像云被峡谷留住，暗示钱邦芑就像这块"云"停留在此处的山崖中。

（3）"石帆峰"题刻（图5-12）三字为阴刻、楷书，文字长40cm，高15cm，文字离地225cm。"石帆峰"所处的山崖因腰间有洞，且山势犹如航行的船帆，钱邦芑因其造型独特而取其名，也暗示自己，只要有机会仍然会像帆船一样起航，隐居此地只是暂时的。

图5-10 应接不暇 　　图5-11 留云峡 　　图5-12 石帆峰

（4）"云房"题刻（图5-13）所在岩石宽233cm，高360cm，"云房"二字为阴线刻、楷书书体，文字长14cm，高35.5cm，文字离地112cm。其中："云"字高12.4cm，宽14cm；"房"字高15.5cm，宽11.5cm；"云"字与"房"字的间距为2.3cm。钱邦芑题写"云"的石刻有多处，"云房"即云的房子，此处石刻的造型既可供人坐卧，形象非常生动。"云房"与"云归处"相呼应，所以云归的地方早期可能建有房子。

（5）"九回峰"题刻（图5-14）位于"云峰"石刻的右上角，"九回峰"三字为阴刻、楷书，文字宽16cm，高59cm，文字离地面97cm。其中："九"字高12cm，宽16cm；"回"字高11cm，宽12cm；"峰"字高18.5cm，宽16cm，"九"字与"回"字的间距为3cm，"回"字与"峰"字间距为13.5cm。此石刻应是钱邦芑依据其山势的形状，取其名。

（6）"梅仓"（图5-15）二字为阴刻、楷书，文字离地面210cm。其中"梅"字宽15cm，高15cm，"仓"字宽14.5cm，高13.5cm，"梅"字与"仓"字间距为1cm。"梅仓"右壁有一深坑，好像是盛梅花的仓库，而梅花在古时候多用来表达人品格的高贵，"梅仓"也暗示着钱邦芑人品高尚，不为权贵而折腰。

（7）"米丈"题刻（图5-16）所在岩石高320cm，宽165cm，"米丈"二个字为阴刻、楷书，文字离地面160cm。其中"米"字宽15.5cm，高16.5cm，"丈"

字宽13cm，高14cm，"米"字与"丈"字间距为5.5cm。此处山石环境，方整如室，四面陡绝，石上生冬青、萝薜，蒙缀如璎珞。"米丈"应是古代的斗量工具，刻在此处应是意指储藏粮食的地方。

| 图5-13 云房 | 图5-14 九回峰 | 图5-15 梅仓 | 图5-16 米丈 |

（8）"霹雳崖"题刻（图5-17）为阴刻、楷书，文字宽18cm，高81cm，离地面130cm。其中："霹"字高11.5cm，宽15cm；"雳"字高13.5cm，宽15cm；"崖"字高20cm，宽14cm，"霹"字与"雳"字的间距为9cm，"雳"字与"崖"字间距为6cm。"霹雳崖"处的山岩远观气势雄浑如雷霆万钧，故取其名。

（9）"藏书崖"（图5-18）三字为阴刻、楷书，文字距离地面137cm。其中："藏"字高13.5cm，宽13.5cm；"书"字高14cm，宽12cm；"崖"字高10.5cm，宽7.5cm，"藏"字与"书"字的间距为1cm，"书"字与"崖"字间距为0.5cm。由于钱邦芑在此教书育人并撰写书籍，此地应系钱邦芑的藏书处，"藏"应是放的意思。

（10）"他山"题刻（图5-19）所题岩石高约75cm，宽45cm，岩石背面题有"云房"石刻二字，"他山"为阴线刻、书体为楷书，石刻文字距离地面约204cm。其中"他"字宽33cm，高45cm，"山"字宽22cm，高38cm，二字之间的间距为21cm。关于他山，《诗经·小雅·鹤鸣》有云："它山之石，可以为错"，又"它山之石，可以攻玉"。后经过时代变迁后人便将"它山"，写作"他山"。"他山"从表面上看是钱邦芑为整个山所取的名字，实际上是钱邦芑内心的告白，身居他乡，借此表达自己的思乡情怀。

（11）"洞天"题刻（图5-20）所题岩石高约110cm，"洞天"二字为阴线刻、楷书体。其中"洞"字宽10.5cm，高9cm，"天"字宽11.5cm，高10cm，二字之间间距为9cm。岩石下方有一个洞口，此洞尺寸不大宽96cm，高120cm。旧时修道之人寻仙问道，多在山洞中拜访到仙人，他山的景色各异，可能是钱邦芑在山石中游玩，猛然回头发现一"洞"，欢喜不已，可谓别有洞天，便取其名。

图5-17 霹雳崖　　图5-18 藏书崖　　图5-19 他山　　图5-20 洞天

（12）"流云"题刻（图5-21）距离"他山"摩崖题刻约6.5m，"流云"与"洞天"题刻凿刻于同一岩石的两面。"流云"所刻岩石高约100cm，宽90cm，"流云"二字为阴线刻、楷书体。其中"流"字宽12cm，高13cm，"云"字宽14cm，高13cm，二字之间的间距为6cm。"流云"意指山间流动的云，由于"他山"多处题刻与云有关，这里的"流云"可能暗指钱邦芑像云一样在此处游荡。

（13）"翠屏"（图5-22）二字为阴线刻、楷书书体，"翠屏"所在岩石背面是"留云峡"题刻。"翠屏"二字距离地面约157cm。其中"翠"字宽11cm，高14.5cm，"屏"字宽11cm，高14cm，二字之间的间距为6cm。"翠屏"二字应是指钱邦芑置身于山林之间，看到眼前的景色苍翠如屏，树木葱郁，山色苍翠，有感而发取此名。

（14）"云归处"题刻（图5-23）阴线刻、楷书书体，三字全长12cm，高46cm，距离地面173cm。其中："云"字高13cm，宽8.5cm；"归"字高10.5cm，宽12cm；"处"字高16.5cm，宽16.5cm，二字之间的间距为3cm，"归"字与

图5-21 流云　　　　　　　　　　图5-22 翠屏

"处"字间距为2cm。"云归处"三字极富意境，表明修行人时常云游四方，不知何时为归期。此处题写的用意可能用来表明钱邦芑云游到此地，不再云游四方，暗示自己将不再步入官场，远离世俗。

（15）"回岚穴"题刻（图5-24）背面系有"云房""留云处"两处题刻。其正面有"钱开少放歌处""他山""屏翠""石帆峰""云归处"等5处题刻，"回岚穴"三字为阴刻、楷书，离地面248cm。其中："回"字高8.5cm，宽11.5cm；"岚"字高12cm，宽7cm；"穴"字高10.5cm，宽11cm，"回"字与"岚"字的间距为4.5cm，"岚"字与"穴"字间距为1cm。"回岚穴"所处的山石因像洞穴一样，故取此名。

（16）"钱开少放歌处，永历丁酉春题"（图5-25）题刻。"钱开少放歌之处"和"永历西春题"皆为竖向并排书写，"永历西春题"位于"钱开少放歌处"的左侧处，为阴刻、楷书，离地面距离为168cm，"钱开少放歌处，永历丁酉春题"题刻行距为7.5cm，所刻石头高约91cm，宽47cm。其中："钱开少放歌处"题刻的"钱"字高9cm，宽9cm；"开"字高8cm，宽7.5cm；"少"字高8.5cm，宽7.5cm，"放"字高8cm，宽11.5cm；"歌"字高8cm，宽10.2cm，"处"字高11cm，宽11cm，"钱"字与"开"字的间距为2cm，"开"字与"少"字间距为1.5cm，"少"字与"放"字的间距为1.8cm，"放"字与"歌"字间距为2cm，"歌"字与"处"字间距为0.5cm。"永历丁酉春题"题刻中"永"字高5.5cm，宽6cm；"历"字高6.5cm，宽7cm；"丁"字高3.5cm，宽6cm；"酉"字高5.5cm，

图5-23 云归处 　　　图5-24 回岚穴 　　　图5-25 钱开少放歌处

宽5.5cm，"春"字高6.5cm，宽7cm；"题"字高6.5cm，宽7cm。"永"字与"历"字的间距为2cm，"历"字与"丁"字间距为2cm，"丁"字与"酉"字的间距为0.5cm，"春"字与"题"字间距为1cm。"钱开少放歌处，永历丁酉春题"题刻与当时的社会局势相关，1656年4月，永历帝被李定国接到昆明，这件事的发生，使得钱邦芑看到了希望，心生欢喜大有开怀歌唱之情，便决定去昆明，"钱开少放歌处，永历丁酉春题"为临行前留下的题刻，永历丁酉春应该是公元1657年，当时中国基本上是清政府统治时期，清顺治皇帝定都北京已十三个年头，表明钱邦芑与当时许多有志之士一样心中仍怀有光复明朝的理想。

（17）"云峰"题刻（图5-26）为阴刻、楷书，"云峰"两字宽9cm，高33cm。其中："云"字高9cm，宽4.5cm；"峰"字高17cm，宽9m；"去"字与"峰"字的间距为1.5cm。"云峰"是钱邦芑根据山势取其名。

（18）"石浪"题刻（图5-27）为阴刻、楷书。其中："石"字高8cm，宽12cm；"浪"字高11cm，宽8.5m。当人站在摩崖石刻的最下面，回头遥望，山石就像奔腾的浪花一浪高过一浪，故名"石浪"。

（19）"断烟"题刻位于"石浪"题刻的下面，断烟即"望断云烟"之情的缩写，暗含了钱邦芑望穿云烟也看不到家乡的思念之情。

3."他山"摩崖的文化内涵

"他山"摩崖题刻众多，每一处皆赋诗意，均是对钱邦芑后期人生思想的写照，与他在此生活的点滴密切相关。钱邦芑隐居期间除了时常自身修养身性外，

图 5-26 云峰　　图 5-27 石浪

还开馆教书育人，传播知识于村民，同时在山脚下种植柳树美化环境。小溪从山间流淌，并在两山间筑有堤坝一道，拦溪成湖，修建水阁凉亭，为平时休息所用，后打造"画舫"，荡漾湖中，俨然一幅山水画卷。柳湖胜景，使山村面貌焕然一新，引得村民、文人墨客慕名来访争相观赏游玩。钱邦芑在这里结识了许多名人贤士，时常吟诗作赋，一时间他山柳湖，成为人文荟萃之地。杨光昕畅游柳湖著有："朝曦才上雾蒙蒙，缭绕平湖十里同。似雨微氛还染袂，当风宿露渐浮空。石桥婉转烟波内，画舫轻摇曙色中。一曲渔歌山水绿，昔年清啸有支公"。杨一葵在五言律诗《柳湖曙色》中："高树露晨流，烟岚半未收。晓风煽新影，翠色落帘钩。微雨淡如沐，遥峰影若浮。前溪回首者，应见此山幽。"虽然柳湖胜景已不复存在，但从诗中仍依稀可见柳湖的风姿。

钱邦芑在《他山赋》和《他山记》中，浓墨重彩，描绘他山的奇石："或龙盘而虎奋，或鹏举而凤轩，或蛟腾而鸿下，或羽展而翅翩"。经他妙笔一点，这些千年无人问津的山石，都各展英姿，仿佛化作仙人莅临人世，你看它们"仰者如啸，俯者如思，立者如望，欹者如嬉，蹲者如怒，踞者如思，扬者如舞，抑者如企。"钱邦芑在敖溪招隐山彭玉房家，看到一小山昂首挺立，作《咏石鸡》一诗："问是何年抱子成，凿开混沌破天生。高冠峙踞形如斗，鼓翅昂身势欲鸣。宣圣牛刀休用割，禹王神鼎莫能烹。漫漫长夜何时旦，不向人间叫一声。"并在主人屋前的岩石上留下了招隐山、注酒峡、酌彼兕觥、啸月、苍壁、洛穴所等九处墨宝。钱邦芑描绘石鸡、石牛、石马等自然景观的诗篇，不胫而走，争相观看，评头论足。钱邦芑学识渊博，才华横溢，尤精于《易》。其成就与明末的张溥、陈子龙、艾南英、徐孚远等人齐名。"他山"摩崖伴随着钱邦芑的名声，吸引了许多文学与书法爱好者慕名前来学习，"他山"最终被《中国名胜大词典》收录。今天，人们仍然回味钱邦芑的事迹。

钱邦芑在隐居期间，结交了许多文人学士，撰写的《他山赋》《他山·易诗》《蒲村归田诗》《他山记》与《长歌答友人》等诗文被广为流传。他开门设馆，教授生徒，使得偏远山区的穷苦孩子能够有机会求学，这种做法也成为余庆私塾的开端，当时有识之士，慷慨解囊开办义校，面向贫困学生。后来该地区建立了用于教育的"他山书院"和"柳湖书院"，知识在这里得到很好的传播，开启了人们内心的求知欲，这种学风对其他地方也产生了影响，尊师重教在余庆蔚然成风，今天在余庆保存了许多有关教育的碑塔，如《德教碑》《师德碑》等，这些现象的出现追根溯源，钱邦芑在中间确实起到了决定性的作用。近年来，随着"他山"文化研究的深入，其蕴含的多重价值引起了公众的重视，有学者提倡对"他山"文化进行开发，以便于促进"他山"文化的传播。钱邦芑创造的"他山"文化，既包括丰富有形的物质载体，又具有深刻的文化内涵，深入挖掘和进一步研究极为必要。然而，在考察的过程中，笔者发现"他山"摩崖在保护力度上还存在一定的不足，现有的文字长期受风化的影响，部分题刻已出现脱落，而且摩崖石刻周围荆棘丛生，使人难以与石刻近距离接触，因此，对"他山"摩崖石刻的保护开发工作仍需完善。

（二）花溪"是春谷"摩崖

花溪"是春谷"摩崖位于贵阳市花溪区小碧乡大地村铁路东边的一个山崖上（图5-28），"是春谷"三个大字刻在崖壁中心一个山洞的上方（图5-29），字体舒正，书风秀丽，1985年被列为贵州省省级文物保护单位。

1. "是春谷"摩崖题刻内容

"是春谷"三字长约17m，高2m，刻于清乾隆五十七年，系谢庭薰所题。在"是春谷"三字两侧刻有许多著名诗句，约有万余字，远远望去诗句与是春谷合为一体，别具一番韵味。

图 5-28　是春谷摩崖周围环境　　　　　　　图 5-29　是春谷摩崖

"是春谷"三字为楷书、阴刻，读法从左到右，其中"是"字高 53cm，宽 43cm，"春"字高 60cm，宽 44cm，"谷"字高 46cm，宽 44cm，三个字的间距为 5cm。"是春谷"三字左右侧刻有一楹联，内容分别为：左侧题"青山高咏属宣城"，右侧题"白苎春流环谷水"，楹联是楷书体，平底刻法。楹联旁边又分别刻有"寄奉自翁父台老先生教政"和"治愚弟吴敬與"，"乾隆癸丑捧日生题"等字。

2. 捧日生与诗句

摩崖题刻所提到的"捧日生"即"贵筑县大地主人"谢庭薰，字兰谷，号韶庄，乾隆四十七年任江苏娄县知县（图 5-30）。他曾编纂《独山州志》、续《永宁州志》、《娄县县志》等，谢庭薰从政期间，清正廉明，广受百姓喜爱❷。乾隆五十三年也就是在他 60 岁时返乡归隐❸。从"是春谷"摩崖所记"乾隆癸

图 5-30　谢庭薰画像❶

---

❶ 凌惕安.清代贵州名贤像传：第一集第一卷 [M].上海：商务印书馆，1946：36.
❷ 有关谢庭薰的生平详见：安顺市地方志编委会点校.安顺府志 [M].贵阳：贵州人民出版社，2007：725-726.
❸ 据《清代贵州名贤像传》载，谢庭薰 60 岁时请归养病，娄人绘《涀峰棠荫图》以彰其德。详见：凌惕安.清代贵州名贤像传 [M].北京：商务印书馆，1946：37.

丑捧日生题"表明该题刻刻于1793年，正是谢庭薰归隐后所刻。从摩崖题刻内容，不难看出谢庭薰博览群书、才华横溢，有着极高的造诣。除《洗心泉集》留给后人外，在任独山州（今独山县）学正、永宁州（今关岭县）训导和江苏娄县知县期间，他还著有《独山州志》《永宁州志》和《娄县县志》等史志。

"是春谷"三字的左右侧刻有许多诗句（图5-31），包括《洗新泉集序》和古代经典著作如《诗经》《楚辞》的节选，这些诗句涉及内容广泛，多被收录在谢庭薰的著述《洗新泉集》中。题刻楷书直排阴刻，约223行，满行37字，所刻诗文绝句，独立成篇，内容丰富，书法工整秀丽。其中，最小的字高1.7cm，宽1.7cm，最大的字高3.2cm，宽3.2cm，字间距和行距同为1.5cm。摩崖主要题写有《洗心泉集叙》《合集》《集四书》《集尔雅》《集三礼》《集楚辞一、二》《集汉一、二》《集汉丞相武乡侯诸葛公亮》《集晋》《集北魏》《集北周》《集辽》《集元》《集明》《集时贤》《集孝经》《集黔宦》等，涉及经、史、诗文名典，可谓是佳句集合的海洋。

图5-31 是春谷摩崖局部

值得注意的是，部分题刻中谢庭薰还将著名的诗文集汇在一起，然后再组成诗，如在《集南齐》中，将谢朓、王融、孔稚圭、王俭等人的诗句汇组为"石险天貌分，纷诡谅非一。三阳应庆期，寒雾开白日。绿水丰涟漪，青山绣芳质。上善叶渊心，清源非易揖。萍开谷丰池，松映水华碧"。再如《集黔人》其

十七、十八中,他又将包衬永、潘淳、艾茂、吴中蕃、周渔璜、陈春翔、周钟瑄、陈法等人的绝句汇集组成诗两首,诗云:"开桃郁水满磅磄,占尽春光掩众芳。天宇畅然殊盛大,即诽瑶岛亦生香。心是溪山胜处多,翠岚苍霭口松萝。金波露浴风清后,是处皆成安乐窝"。在《集属国》其三中,他将朝鲜柳根、徐敬德以及日本国晋福等人的名句汇集组成以下诗句:"雅赏长存水石间,白云卷尽镜磨天。清欢直欲朝连夜,细嚼青松咽冷泉。"对诗句的重组作为春谷摩崖的标志性特征,凸显了谢庭薰文学功底之深厚,不愧是清代贵州最具影响力的名仕。

花溪"是春谷"摩崖由丰富的诗句组成,独具韵味。这些诗句既有谢庭薰的个人著述,也有古代名典佳句,反映了谢庭薰对于古诗的喜爱与热衷。自古名仕就有题诗作词的喜好,根据谢庭薰所选取的古代诗句之内容,实际上离不开他自幼攻读经史诸子百家诗文,以及在为官期间撰修县志的过程中,广集资料阅读书籍积累下的学问[1]。是春谷作为谢庭薰晚年的一方天地,题刻内容揭示了他还乡归隐后的内心世界,如"金波露浴风清后,是处皆成安乐窝"一句,可以想见他豁达的心态。正如他在《洗心全集叙》写到的:"捧日生之草堂,其南偏玉屏一山,端耸苍穹,为东诸峰之望,其屏以北,旧名青山,其绝壁间,口吐一泉,每雨涨时则为盐之撒,雪之溅,为银河之倒倾,寻常不过涓涓已尔,然高而洁,夏凉而冬温,四时清淑之气,又往往不歇,向来山下之欲漱芳润者,俱可望而不可即。即予徘徊山下,亦已久矣。乃者,斧恶荆,划危磴,攀烟萝而畸于其上,忽又觉日之近我而捧之",字里行间透露出悠然于世外,题诗为乐的心境。"是春谷"作为贵州规模最大的一处摩崖题刻,其内容之丰富,艺术性之高、文化韵味之深刻为我们研究谢庭薰其人及其晚年生活提供了宝贵的资料。

(三)兴义"西南屏障"题刻

"西南屏障"题刻系清同治四年孙清彦到此巡视时所书,曾被安置于关帝

---

[1] 谢铣在《乡贤谢庭薰先生行事传略》一文曾对谢庭薰先生事迹进行详细的考证,详见1988年出版的由中国人民政治协商会议贵阳市花溪区委员会文史资料委员会编的《花溪区文史资料选辑第五辑》一书中第127页内容。

庙，后在"文化大革命"期间受到损害，现被置于兴义市捧乍镇小学门口。该题刻于1985年被列为贵州省省级文物保护单位。

1. 题刻内容

"西南屏障"共由5部分组成，包括"西南屏障"4字及"后序"碑刻一块（图5-32）。具体内容如下：

（1）"西南屏障"题刻全长718cm，高190cm。"西南屏障"上下各有一石条，分别用来作底与盖，其中上石条40cm宽，下石条厚12cm。"西南屏障"题刻的石块长126cm，高190cm，"后序"碑长120cm，高90cm，碑文为行书阴刻12行，满行22字，共计222字。"西南屏障"4字中，"西"字高120cm，宽90cm；"南"字高130cm，宽90cm；"屏"字高140cm，宽85cm；"障"字高139cm，宽87cm；在"西南屏障"石刻每块石刻中间各有一条长15cm，高190cm的石条将每个字分隔开来，形成独立的个体。

图5-32 西南屏障碑刻

（2）"后序"碑刻写于清同治七年（图5-33），是孙清彦有感而发。

"后序"碑文根据现场抄录如下：

嗟呼，发逆蔓延半周，海内回夷肆扰，今逾十年。况夫地本弹丸，官失文武，兵食两乏，固守其谁！苟非捧人如文山、仲谦、瑞图、云图及云亭诸绅民，同心效死，以存孤城，不及此忆。余乙丑偶临，周览形势，内山外河，垣堑天成，益皇然于无信不立旨焉！孰意阳而剥，诸君乃自坏长城。犹幸天贻云亭，只手持危，重振全局而鼎新之。从兹官民合一，上合而下应，岂不永固藩篱耶！噫！灵武失而明亡，睢阳守而唐兴，边城得失之故。其所击岂浅鲜哉！此即墨二城，田单所以为复齐之本也。题曰："西南屏障"，大书深刻，并缀数言，以告夫后官于此者。

大清同治七年戊辰九月庚戌之吉。

诰授朝议大夫花翎道衔即补知府昆池孙清彦书并识。

2."西南屏障"碑刻意涵

孙清彦，嘉庆二十四年生于云南昆县，字士美，号竹雅。清末的书画名家，擅长篆、行、隶、草体，其中行、草书尤精，

图5-33 "后序"碑文 ❶

光绪十年逝世，享年65岁。孙清彦所书"西南屏障"意在表明捧乍地理位置的重要，捧乍是滇桂进入黔西南门户之一，乃是历代兵家必争之地。

"后序"碑文阐明了孙清彦如何守住城池的思想观点，主要依赖于官民相结合，同心同德，如文所述："官失文武，兵食两乏，固守其谁。苟非捧人士如文山、仲谦、瑞图、云图及云亭诸绅民，同心效死以存孤城，不及此。"并且在碑文中通过三次历史事件加以论证。此理论虽然有很强的说服力，但是现实中并非如此，只能算作一种理想状态。孙清彦表述的"官民合一"方能"藩篱永固"的观点，对于处理民众与政府之间的关系都有积极的意义。此外，孙清彦作为一名书画家，在贵州地区留有大量的艺术作品，对贵州的艺术的发展也产生了一定的影响。

---

❶ 重庆市博物馆编.中国西南地区历代石刻汇编[M].天津：天津古籍出版社，1998：49.

（四）遵义禹门山摩崖

遵义禹门山摩崖，位于遵义县新舟镇沙滩村西禹门山靠近河边的石壁上，该摩崖刻于清朝，为遵义地区著名的文化圣地，被贵州省于1982年列为省级文物保护单位。

1. 摩崖题刻内容

禹门山摩崖共有三处组成，分别系郑珍、黎庶昌和莫友芝的书法真迹，现对三处摩崖进行详细介绍，以方便论述。

（1）第一处摩崖为郑珍所书，刻于道光十九年，阴线刻、文字竖向书写，正文为篆体，落款为隶书。

现场抄录内容为：

子弟宥尔宇。六十四年吾行归矣，己亥九月，五尺道人❶汛舟过此记。

（2）第二处摩崖为莫友芝所书，刻于道光十九年，阴刻、隶书、竖向书写。

现场抄录内容为：

道光己亥季秋二十五，黎兆勋招同郑珍汛舟过禹门。雨初霁，朝暾媚客，青山红树，炫耀目精，想老醉当年于此兴复不深藏不浅。僧房小坐，饭水引阅四部，犹忆朱口登楼时也。芷泉莫友芝。

（3）第三处摩崖为黎庶昌所书（图5-34），刻于光绪十五年，阴刻、楷书。

根据现场抄录内容为（图5-35）：

图5-34　禹门山摩崖

❶ 五尺道人为子尹别号，即郑珍。

禹门山铭有序,山旧名回龙,顺治丁亥丈雪通醉来楼,易曰禹门。直郡东八十里,乐安东经基麓。支危隐秀,有幽奇观。道光中,里人郑珍、莫友芝、黎兆勋乐此,率日月至。巳亥秋霁,泛舟抵崖壁下刻石,称显之。兹山一旦得与浯溪、澹崖比,诚异遭也。世有漫叟涪翁,当知余言。余后三先生游几五十年,手剔荒翳,履危扪石,读既竟,顾视斜日挂村墟外,辉映林薄,徘徊古径,寂寥长怀,洒然见三先生风流,披衣崖谷间也!恐来者不闻,且旌,吾独为铭识之。岁在光绪强圉大渊献孟陬毂旦黎庶昌。铭曰:禹门巉岩,不崩不骞。上丛招堤,下溯洄潮。文游所止,炳耀牂牁。企斯陈迹,视我铭镌。

在对摩崖题刻内容抄写的同时,还对具体题刻的尺寸进行了测量,具体数据分别为:

(1)左侧第一块石头高76cm,宽63cm,离地高137cm。字高37cm,宽48cm。文字有7行,共39字,字行距3cm,字间距2cm,每字大小为6.5×6.5,字的左边距为6.5cm,右边距为10.5cm,上边距为30cm,底边距为9cm,字的阅读顺序为从右到左。

图5-35　禹门山摩崖题刻局部

（2）左侧第二块石头高78cm，宽72cm，离地面115cm。全部文字所占面积为40cm×65cm，文字有9行，共58字，字行距3cm，字间距1cm—2cm，最小的字大小为5cm×5cm，最大的字高7cm，宽7cm，字的左边距为4cm，右边距为3cm，上边距为28cm，底边距为10cm，字的阅读顺序为从右到左。

（3）右侧第一块石头高77cm，宽98cm，离地面124cm。全部文字所占面积为30cm×84cm，文字共有13行，字行距2cm，字间距1cm，最小的字大小为4cm×4.5cm，最大的字为6cm×6cm字的左边距为10cm，右上边距为9cm，右中边距为4cm，右下边距为5cm，上边距为35cm，底边距为12cm，字的读法顺序为从右到左。

（4）右侧第二块石头高72cm，宽55cm，离地面124cm。全部文字所占面积为39cm×43.5cm，字有7行，共36字。字行距3cm，字间距2cm，字大小为4cm×4cm，字的左边距为4cm，右边距为7.5cm，上边距为24cm，底边距为9cm，字的阅读顺序为从右到左。

2. 名仕的参与

郑珍（图5-36），嘉庆十一年出生于遵义天旺里，同治三年去逝，享年59岁。郑珍世居江西吉水，明朝万历年间七世祖郑益显随刘艇入播州平杨应龙乱，后留居遵义。嘉庆二十二年，郑珍入遵义湘川书院读书，但为时不长，嘉庆二十五年退学返家❶。郑珍在仕途上没有太大的业绩，未曾考中过进士，但是在文学著述上成就非凡，主要有《仪礼私笺》《说文逸字》《轮舆私笺》《说文新附考》《遵义府志》《汗简笺正》以及许多

图5-36 郑珍像❷

---

❶ 此处据《续遵义府志·卷二十上·列传一》(杨兆麟赵惜杨恩元主纂,遵义市红花岗区地方志办公室2000年11月影印)载,另据黄万机先生的《郑珍评传·郑珍年谱简编》,嘉庆二十四年(1819)郑珍退学返家。

❷ 凌惕安.清代贵州名贤像传:第一集第二卷[M].上海:商务印书馆,1946:51.

诗歌、散文等。郑珍的学术重点在于经学，其研究方法为："主要是'师承其说'，所采取的乃是'益进求诸声音文字之原，与古宫室冠服之制'为基础的'汉学'之立场。"❶ 郑珍的丰富著述涉及训诂学、文字学、音韵学等领域，为今天汉学研究提供了重要的理论依据，深受学者的重视。

莫友芝（图5-37）于嘉庆十六年出生贵州独山，字子偲，号邵亭，同治十年病逝扬州，享年61岁。莫友芝与郑珍关系密切，属莫逆之交，二人共同纂修过《遵义府志》。莫友芝主要著作有《邵亭知见传本书目》和《宋元旧本书经眼录》，同时他在训诂学、金石目录学、篆刻等方面均有很高的建树，其中《邵亭诗钞》《唐写本说文解字木部笺异》《韵学源流》等理论著作是阅读、研究古籍的重要参考资料。

黎庶昌（图5-38）于道光十七年出生于遵义县沙滩村，字莼斋，光绪二十三年病世，享年60岁。黎庶昌纂修《青浦县志》33卷，并在游历日本期间编写过《古文辞类纂》。黎庶昌个人经历丰富，游历欧洲诸国，并且任驻日本国大臣，其学术有别于郑珍、莫友芝二人，主要在强调经世"效果"，

图5-37 莫友芝像❷

图5-38 黎庶昌像❸

---

❶ 清史稿：列传二百六十九·儒林三. 中华书局，1977：13288. 关于郑珍治经，黄万机先生认为"郑珍的学术思想和治学方法与'晚派'为近"（见《郑珍评传》，第219页）。
❷ 凌惕安. 清代贵州名贤像传：第一集第二卷[M]. 上海：商务印书馆，1946：70.
❸ 凌惕安. 清代贵州名贤像传：第一集第三卷[M]. 上海：商务印书馆，1946：55.

力求以实务功业之"实"称名于世。《清史稿卷四百四十六·列传》记载，黎庶昌从小爱好读书，和郑珍交往甚密❶。《续遵义府志卷二十上·列传一》则认为："黎庶昌小小年纪言语不多，但意气风发，不可一世。'时郑莫两征君以朴学著称，庶昌诸兄与角逐其间，以诗词名。庶昌独留意经世之学'"❷。从黎庶昌的学术思想中可以看出，他提出"酌用西法"的改革主张，有一定的超前意识，这些思想的形成与他在国外的经历有直接关系。

黎庶昌、郑珍和莫友芝三人的思想对后世影响深远，作为"沙滩文化"的代表，他们的学术成就对经学、史学、书法都具有重要的研究价值。禹门山摩崖所题写的内容，虽不是同一时间所刻，但是三人之文题于一处，实为沙滩文物古迹之代表。黎庶昌、郑珍和莫友芝皆擅长书法、绘画，禹门山摩崖自题自摩的书体，形神兼备，各具意趣，因系三家之真迹故而备受世人所珍视，今天禹门山摩崖被视作遵义最具有影响力的人文历史名片，其自身的生命力还将不断受到诸多学科的开拓。

第二节 碑刻内容分类与意涵

碑刻因其具有记事、称颂、标记的特点，常被称为历史的见证者。贵州碑刻保存数量颇丰，碑文内容蕴含了人文观念、民族历史、区域制度等诸多信息，在不同程度上反映了各地区民族发展的状况。本节在对贵定仰望抗贡碑、兴义查氏宗祠碑、拦龙桥摩崖碑刻、大方千岁衢碑、贵定甘塘乡规碑、剑河"例定千秋"碑实地调查的基础上，根据碑文所记内容特点将其分为风土、制度、交通三个类别，通过逐一分析，对碑刻的意涵展开论述。虽然这些碑刻目的都为记录历史，但是本节将其归纳分类，力求阐述详尽。

---

❶ 赵尔巽.清史稿：卷四百四十六·列传二百三十三[M].北京：中华书局，1977：12481.
❷ 杨兆麟，赵恺，杨恩元.续遵义府志：卷二十上·列传一[M].遵义市红花岗区地方志办公室2000年影印：691.

一、碑刻与风土

风土类碑刻以反映带有乡土民风特点的内容为主,或记录事件或讲述史实。本节主要以仰望抗贡碑和查氏宗祠碑为例,对贵州风土类碑刻的内涵进行论述。

(一)贵定仰望抗贡碑

仰望抗贡碑又称之为"茶叶碑",共计两块,原立于关口寨路旁树下,其中一块石碑在清同治初年由当地苗民迁移碑至寨内的过程中碑脚不慎碰断,故碑末尾出现缺字。目前两块抗贡碑均立于贵州省黔南布依族苗族自治州贵定县平伐镇仰望村口附近的贡茶亭内,贵州省于1982年将石碑列为省级文物保护单位(图5-39)。

图5-39 仰望抗贡碑

1. 碑刻基本情况

贡茶亭里现存两块石碑,现就基本情况作一介绍。

(1)乾隆年间碑刻(图5-40)。

该碑刻于清乾隆五十五年,青石材质,碑首为圆形,碑身局部有破损,现已用玻璃罩保护。在此碑碑首自右向左题有"万古流芳"四个大字,每字的大小为7cm×7cm。整个碑体高128cm,其中,碑首最宽处为55cm,碑底宽55cm,厚8.5cm。底座长81cm,宽43cm,高11cm。此碑正

图5-40 碑刻

文有二百余字，按照自上而下、从右到左的阅读顺序题写，碑文为楷书体阴线刻，字间距为1cm，每字大小约为2.5cm×3cm。

碑文内容为：

署贵阳贵定县事定番州正堂程，为据禀给照事案，据□□方文超等禀称：本年四月二十日接奉钧札，因仰王苗民雷阿虎禀，年久茶枯，仰口前往确查，据实禀覆。奉此。约遵前往临山踏看，茶老焦枯，并无一株生发，实非苗民治枯捏禀情弊，缘奉札查乞查核施行上禀等情。据此，查茶树既俱枯坏，并无出产，□□除批示外，合行给照。为此照给该苗民等遵守。嗣后，该处每年贡茶定数茶斤，及其余所派之茶，准行停止，以免采办之累。如有差人以办茶为名，下乡滋扰者，许尔等指名禀究，须至照者。据呈□□□银肆百贰拾两，收后发交殷实之户生复，再年购办该处茶贡。乾隆五十五年四月。❶

（2）嘉庆年间碑刻（图5-41）。

此碑刻于嘉庆年间，时间略晚于右侧乾隆年间所刻碑刻。碑体为青石材质，此碑无底座，碑身局部有破损，外围罩有玻璃以作保护。该碑碑首呈圆弧形，碑首刻有"万古流芳"四个大字，每字大小约为5cm×4cm。整个石碑通高158cm，其中碑首宽为66cm，碑身略有

图5-41 碑刻正面与背面

破损宽约60cm，碑底长60cm，厚12.5cm，此碑的正文按照自上而下、从右到左的阅读顺序题写，共有16列，每列间距为1cm，字间距为0.2cm，每字大小为2cm×2cm。碑刻正文为楷书体阴线刻，因年代久远，部分文字风化受损严重，故无法辨认全文的文字数量。

2. 抗贡碑的典故

抗贡碑缘何而立呢？从贡碑亭现存两块石碑看，嘉庆年间石碑由于字迹不

---

❶ 在实地考察中，由于扛贡碑被玻璃所罩，再加上石碑年代久远，字迹部分不清楚，难以完全辨识碑文。此处碑文转引自：贵州省地方志编纂委员会.贵州省志·文物志[M].贵阳：贵州人民出版社，2003：286.

清，已无法释读具体内容，故下文将以乾隆年间所刻石碑为例对其内容进行分析。根据乾隆年间所立抗贡碑碑文可知，抗贡一事与发生在贵定县的一件关于茶贡的事件有关，此事碑文记录颇详：

> 因仰王苗民雷阿虎禀，年久茶枯，仰□前往确查，据实禀覆。奉此。约遵前往临山踏看，茶老焦枯，并无一株生发，实非苗民治枯捏禀情弊，缘奉札查乞查核施行上禀等情。据此，查茶树既俱枯坏，并无出产，□□除批示外，合行给照。为此照给该苗民等遵守。嗣后，该处每年贡茶定数茶斤，及其余所派之茶，准行停止，以免采办之累。

由此来看，乾隆年间由于此地茶树焦枯，无一株发芽，官府寻查后上报朝廷，于是发布文告免其茶贡，苗民将文告刻成石碑立于寨中，以此示众。碑文内容虽陈述了未能贡茶的实情，但事实上关于抗贡碑还有一则典故。据今天的当地政府人员介绍，贵定县长久以来以种茶为生，并以茶叶代替赋税，然而由于贵定云雾茶味道醇香又是贡茶的佳品，官府私欲膨胀开始加大对百姓征收茶叶的数量。乾隆时期，收茶的数量成倍数涨，村民不堪重负，为了对抗地方官府变本加厉的剥削，在寨主的带领下，全体村民只能连夜用开水将茶树烫死，并向官府报告茶树不生是因"雨水"所致，经官府寻查后，认定并非村民的原因，于是减免了赋税，此计也为村民免除了赋税之苦。

3. 抗贡碑与云雾茶

据宫光华著《贵定云雾茶》记载："云雾茶是我国八大名茶之一，唐代已作为贡茶。"云雾茶即是碑文中所说的贡茶，当地又称为仰望茶或者鱼钩茶。在仰望十八寨中，上坝寨和关口寨所产的茶叶味道醇香，色泽青翠细嫩，被视为绿茶的上乘，是朝贡的佳品。关于贵定云雾茶作为朝廷贡茶，明清至民国的贵州地方史志中记载较为详细，如《明实录》中多次提及贵州府向朝廷贡茶，清代康熙《贵州通志》中也记有黔地所产茶叶中，云雾茶享有盛名，属上等佳品，而且由于其产量少的缘故，更显珍贵。此外，在一些民间传说中也广泛流传云雾茶的故事，突显其历史地位。根据上述文献资料大抵可知，贵定作为朝廷特贡茶叶的产地有着深厚的历史底蕴，再加上苗岭山优美的自然环境为云雾茶提供了得天独厚的条件,因此,作为贡茶备受青睐。在中国,较少有为名茶立碑记事,贵定仰望抗贡碑以贡茶事件为内容实属罕见,虽然该碑内容未提及茶的种植与生产,但对我们认识贵定云雾茶的地位以及贡茶的历史具有积极意义。如今,贵定政府以贵定云雾茶为资源,将茶文化作为促进区域经济发展的支柱产业,采取着力打造地缘经济增长点、推动茶旅融合发展、绿色脱贫等举措,取得了显著的成效,为贵定云雾茶的创新发展和传承拓宽了道路。

（二）兴义查氏宗祠碑

查氏宗祠碑位于兴义市则戎乡纳具村老村委会右侧一座亭子的下面,此碑刻是研究布依族族源的重要史料,1985年被列为贵州省省级文物保护单位。

1. 碑刻基本情况

经实地考察,查氏宗祠现存有6块碑（图5-42）,由于石碑残损,上面的文字基本上看不清楚,除了一块碑含有底座外其余均无底座,而且有5块碑损坏较为严重。为了更好记录石碑的保存状况,对每块碑的尺寸进行了测量,第一块石碑高31cm,宽64cm,厚17cm,第二块石碑高63cm,宽37cm,厚14cm,第三块石碑高57cm,宽43cm,厚17cm,第四块石碑左侧面高为54cm,右侧面高为102cm,宽72cm,厚17cm,第五块石碑高115cm,宽74cm,厚20cm,第六块石碑高115cm,宽80cm,厚16cm,底座长96cm,宽59cm,厚20cm。

据《布依族文化大观》一书的第十六章《文物古迹》记载：查氏宗祠碑原

图5-42　查氏宗祠碑

为方头圆角，高120cm，宽82cm。❶碑文主要叙述布依族查姓迁移、居住的情况。当中存有四句的汉语译音，记载了布依族人民寻根认祖之"隐语"，"□□沙宗坝潭统，寒纳桑卦志，四总那来，染起坡密纳毕"❷。

2. 碑刻文化内涵

文字记录语言，辅助语言进行信息交流，帮助人们把不易记录的口头语言记载下来，流传给后代，传播到远方。不仅如此"文字还可以促使语言更加条理化，思维更加精密化"❸。文字就像民族特有的标识一样，它不仅是用来作为交流的工具，更重要的是传承民族文化的重要手段。对于一个民族来讲，如果没有文字的保存，后人也就不易了解早期的文化历史，就会给今天的研究带来诸多的困难。

在中国的少数民族中有些民族并没有形成自己独立的文字，这些民族在传承本民族文化方面，有的采取口述的方式、有的则是以歌谣为载体进行传播、传承与储存。布依族文化传播的主要方式是用实物图符和口头语言来传承他们的历史记忆和民族文化。从查氏宗祠碑中可以看出布依族在文化传播方面并非是独立的，布艺族在历史的发展过程中借鉴并吸收了汉族文化，用汉字译音的手段来记载本民族的变迁史，具体而言，要么用汉字的音，要么用汉字的义，更有甚者用汉字偏旁加以重新组合从而形成新字。在布依族的观念中字的含义带有本民族的价值观和生活习性。布依族改变了汉字原来的意义，被赋予了布依族特有的文化符号。"查氏宗祠碑"的发现，不仅弥补了用汉字译音方法来记载布依族文化这一空白，而且为我们研究布依族早期历史文化的记载方式提供了重要的史料，进而为了解布依族采用汉字来传承其文化的原因提供了一定的帮助。

---

❶ 贵州省民族事务委员会.布依族文化大观[M].贵阳:贵州民族出版社,2012:471.

❷ 此碑经现场查看,保存状况不佳,断裂严重且字迹模糊。此处四句隐语内容引自:贵州省黔西南布依族苗族自治州史志征集编纂委员会.黔西南布依族苗族自治州志·文物志[M].贵阳:贵州民族出版社,1987:146.
关于隐语大意,《黔西南布依族苗族自治州志·文物志》一书根据当地布依族的长者用汉语进行了解释:"来时沿着石阶上的小路,山非常高;田埂的高度到胸口,水的深度到膝盖;家住在一个叫纳毕的地方,家的门口前有一块大的田地。这四句话,不仅被居住于纳具一带查姓的布依族代代传承,当作族源的依据,而且在贵州、广西相连的南盘江两岸和贵州南部地区姓查的布依族老人中也能够准确地咏诵。"

❸ 张公瑾.文化语言学发凡[M].昆明:云南大学出版社,1996:98.

二、碑刻与交通

交通类碑刻以记载有关交通建设的内容为主,具体包括桥梁、道路的修建。本节主要以拦龙桥碑刻和大方千岁衢碑为例论述交通类碑刻所具有的内涵。

(一)拦龙桥碑刻

拦龙桥碑刻位于六枝特区新场乡拦龙桥下游河滩右边一处巨大的灰岩上,2006年被列为贵州省省级文物保护单位(图5-43)。

1. 碑刻基本情况

拦龙桥碑刻所在崖面高698cm,宽357cm,碑刻位于崖壁的西北面,文字阴刻,彝文。由于长期受到自然风化的影响,部分文字已模糊不清。石刻碑首略呈半圆形(图5-44),碑身为长方形,碑身通体高68.5cm,宽47.5cm,离地约357cm,右边距为108cm。

拦龙桥摩崖碑刻为彝文,阴刻,竖文,15列,共计588字。内容大意为:

天地的产生,成了发展富贵的根源。论及六祖的根本,不是寻常的啦。

自德施以来,到阿哲琪的世代,首先从夏勒分支往妥太聚居,再迁徙到古阿勒液的施默耿佐姆来定居。在这以后,阿琪家就兴盛如挺拔参天的一株大树,矗立荫盖在这块美丽的土地上,又如春天嫩绿的芳草,遍及原野。

阿琪啊,是道度赐与他家的福禄,是皮乌吐为他偿愿。

只直阿里的权威与俸禄是来自于百姓,如同河水的源头永远没有穷尽,君

图5-43 文物保护单位标识　　　　图5-44 拦龙桥摩崖碑刻

长的威名也远扬于四方。积攒的丰裕财富，多如夜间的繁星。珠宝往来，连绵不断。

戛勒的君长阿保呗道，他如同天象与地上的万物相对应，在宇宙间有其根源。

望不到边的祸诺法堵地方，有一片征收租赋的垦地，直抵古阿勒液。上面从特格卓古勒起抵达下面的阿尼舍能；从左面的只斗法果起抵达右边的法支打诺，在此之间，是古勒君长的住地，也就是博宜陇卓家的基业。

陇乍呗特坝子，在戛直的时代，阿琪大寨的村寨左右，是属于舅父阿查家的。

阿斗往东迁徙之后，就由密额来管理东方，按照一君一臣一师的制度来管理，就是这样的。

有这般贤能的后代，应归功于英明能干的舅父家，开拓了与天一般高的伟业。匆阿纳的后嗣呀，像绿叶似的繁茂，目所能及的土地都是属于我们啦！

在己未年的五月间，由于在这块肥沃的土地上横贯着一条河流，德赫布诺、阿洛育梅、娄则阿姆、堵莫阿夏四人，共同建议道：山中的野兽尚有狮子来驯服，栖息千林中的禽鸟能频频地高飞。如今我们居住的南北二面和中部地带，都有辽阔的田地，可谓良田千顷，但还有一条很宽的河，蜿蜒流经其间，河上乃是运输租赋必经之路，如果不在上面建好一座桥梁，虽然有显赫的官爵，创造了大业，可受到交通的梗阻，所得到的享受仍然是很微薄的呀。因此，在南宋开庆己未年五月初三日开始兴工建桥，到庚申年十月初三日竣工。全部工程共付出工钱七十两银子。

施工时祭祀用的猪给匠人们吃，付给錾字人三两银；一百驮稻谷交承包架桥者朵奎赫古，并抬了五缸酒给他。建桥的石工是博宜阿斐和默查卖索的后裔陇直。碑文内容，是阿恩笃节的后裔，三代家传的呗耄毕额穆撰写的。写碑人是觉阿岱所属妾姆鲁恒地方阿赤家的后裔沙可，他的先祖狄省瓦曾是管理白启则溪的头目。

福禄乃祖从天赐，权如峻岑承宗源，呗瓦司祭祀，果蒙还祖愿，后嗣永袭万代权。有众多的奴婢来饲养六畜，骏马奔驰如蛟龙腾空一般。权威和美好的福禄，也是由大山的气脉聚合来的。集千载兴盛的威荣，承默氏崇高的地位，

今后有很广的来源可征租赋，供缮父母的俸禄，对祖先宗祠的祭祀也是丰裕的。❶

从内容上分析碑文主要涉及六个方面：

（1）讲述从古代的彝族六祖分支默部慕齐齐到其二十代子孙铁阿纳开拓水西的历史。

（2）阿纳时期的赋税情况。

（3）修建拦龙桥的情况。

（4）修建日期与完工日期：南宋开庆已未五月初三日开始兴工建桥，到庚申年十月初三日竣工，用时不到两年。

（5）修桥花费银两70。

（6）碑文除了记载主持修桥的人外，还记载了工匠与碑文起草人的名字。

2. 拦龙桥摩崖碑刻意涵讨论

目前对拦龙桥摩崖碑刻的相关研究侧重于碑文内容，主要针对彝族文字展开研究，涉及文化发展脉络以及字体结构等诸多方面。学者往往忽视了拦龙桥的存在意义，几乎没有人提及，因此若想对拦龙桥摩崖题刻有深入的了解，拦龙桥造型、材料以及周围的环境等特点都应给予足够的重视，要知道没有桥就没有摩崖碑刻的出现。

经过实地考察，彝族当时修建的拦龙桥迄今依然横跨在河面上（图5-45），

图5-45 拦龙桥局部

---

❶ 贵州省毕节地区民委. 彝文金石图录(第一辑)[M]. 贵州省毕节地区彝文翻译组,译. 成都:四川民族出版社,1989：18-19.

原来桥面是什么样的结构现已无法考证。只知修筑道路造成桥面底于路面，于是人们就用水泥在桥面又新接了一个桥面，相当于把桥升高了，之后出于交通发展以及车辆通行等因素的考虑，人们在靠近拦龙桥的下游并列新建拦龙桥一座，旧的拦龙桥从此"寂静"下来，为了方便书写，下文中提到的拦龙桥是指彝族当时所建造的。

拦龙桥呈拱形被当地人称为石板桥，这恰好说明当时建桥的材料为石头。关于建桥的目的，已经在碑文中提到。问题是桥为什么选用的是拱形而不是别的造型？在没有修桥之前人们是如何出行的？为什么不是单独在桥边立一块碑而是将文字题写在拦龙桥下游一处灰色崖壁上呢？下面将根据碑文做尝试性分析。

拦龙桥呈拱形，建桥的材料多是人们将开采下的大石块打磨成需要的形状。选择建造拱形桥可能主要有四个方面的原因：第一，这种类型的桥建造起来有自身的优点，拱形桥除了外观优美外，最主要的特点就是受力平衡且不易发生垮塌。在中国历史上现存著名的石拱桥应为建于隋朝的赵州桥，所以说这种桥应该是经过历史考验被人们所认可的；第二，彝族自身的财力、物力、人力以及建造技术等条件都已成熟，足以建拱形桥；第三，建桥的材料来源方便而且坚固耐用，如果采用木头建造的话，木头易腐烂，可能每隔一段时间都要进行维护，并不实用；第四，来自于民族的心理因素，因为建桥对于彝族来讲已不单单是解决通行的问题，更为重要的是想借此提升民族的自豪感与荣誉度，碑文中也提到桥可以让家业兴旺发达，说明彝族到此"创业"的艰辛路程已经基本结束，财富已经有了丰富的积累。

碑文提到河上乃是运输租赋必经之路，表明当时出行的交通工具单一，出行只能"走"水路，而水路有两种情况或者乘船或者在水位不高的情况下涉水而行。当时具体是怎么出行，在没桥的情况下怎么将租粮送回？如果单单依靠人力涉水则花时费工夫，根据当时的情况应该是用船进行运输货物，时至今天此地部分河段上人们的出行仍然是船，可以说当时的交通十分不方便，正如碑文中提到："可受到交通的梗阻，所使用的享受仍然是很微薄的呀。"从交通的梗阻中可以看出彝族与外界的联系还是十分密切，如果联系不密切就不会意识到交通的不便，更为重要的是当时的社会安定、风调雨顺，人们的生活富裕，有大量的财富要送回，如果财富不需要送回，那修桥的可能性会降低，因为在桥没出现之前人们虽说是可以出行但是不方便。修桥也表明当时的社会财富充足，无论从人物、物力、财力都可以实现，如碑文所述积攒的丰裕财富似若繁星。

在拦龙桥碑文上还注明了建桥的石工是博宜阿斐和默查卖索的后裔陇直，也明确碑文是阿赤家的后裔沙可所写。能够将石工陇直与碑文撰写人沙可记载下来，这表明当时在彝族工匠与文人的地位并非下等。碑文中提到："施工时祭祀用的猪给匠人们吃，付给錾字人三两银，一百驮稻谷交承包架桥者朵奎赫古，并抬了五缸酒给他。"可以看出修桥时工匠物质生活富裕，有酒、有肉还有稻谷，这都是当时生产生活的真实写照，同时也表明当时社会制度的健全，只有施工时查到才会给予物质上的奖励。碑文的开始提到："天地的产生，成了发展富贵的根源。"结尾处："权威和美好的福禄，也是由大山的气脉聚合来的。集千载兴盛的威荣，承默氏崇高的地位，今后有很广的来源可征租赋，供飨父母的俸禄。"蕴含着彝族先民朴素的辩证思想。"有众多的奴婢饲养六畜，骏马奔驰如蛟龙腾空一般"中，"奴婢"表明彝族仍然是等级制度。"骏马奔驰如蛟龙腾空一般"不但表明马的健壮也说明当时出行工具主要是马。

至于为什么会将碑文刻在桥下游一处陡峭的崖壁上？按常理讲应该是桥建好后，打磨出一块石头作为碑刻立于桥附近，但为什么没有这样做，相关资料以及学者的研究均没有对此问题进行探讨。为了对此问题作出解释，本书结合周围的环境特点试作推测，建桥处的河两岸山势较为陡峭不易刻印文字图案，为什么没有将碑立于桥边呢？可以设想这样一种情景，桥建成后，彝族首领站在桥上俯视远方，从周围的景色上看，下游比上游更好，因为下游地势开阔并且有一条支流与之相交汇，首领刚好看到下游有一块巨大的摩崖，心里顿生欢喜之情，决定将其建桥的历史刻在上面，使后人能够铭记其光辉业绩。笔者在撰写此文时进行第二次实地考察发现这样一个特点，如果站在碑文处，当看完碑文了解到相关历史后，人们就会急于想看到当年的桥，当自己转身后就会看到上游的桥，如果先站在桥上向下游看去，同样会看到下游一块巨大的摩崖，二者相互对应，极为巧妙。还有一个原因可能是当时人们也考虑到如果将碑立于桥头，随时代的变迁谁也不敢保证碑能够永远保存下去，故而将其刻在崖壁上有利于"永久"传承下去。

拦龙桥摩崖石刻是贵州地区发现最早的彝文石刻，碑文详实地记录了彝族的变迁史，通过碑文我们可以看到早期彝族的生产关系、交通状况及社会财富程度。碑形特点也为我们洞悉彝族同胞的内心世界提供了可能，其文字结构还为我们研究彝族文字的历史提供了真实的文字资料。一座桥梁的本来功用是架于水上或空中以便于人、车通行。然而，拦龙桥不仅于此，对于彝族来讲桥不单是一个建筑物，更是开拓势力的通道，在它的身上凝聚了彝族人满腔的智慧，拦龙桥正是彝族权力、财富、地位的象征。在众多彝文碑刻中，拦龙桥摩崖具有历史、哲学、经济、政治、书法艺术、交通等诸多研究价值，是了解、认识彝族的一个重要窗口。此外，笔者于2019年再次来到拦龙桥所在地，了解到当地因为要修建水库，已经将拦龙桥拆除，但是在拆桥的过程中，从建桥的六块石头上发现了凿刻有人、鱼、乌龟等多个图像，这些图像的新发现有助于增进人们对于拦龙桥历史文化的研究。原来的拦龙桥碑刻已经被水所淹没，当地政府将原碑刻上的文字"复制"在公路旁的一处崖壁上，供人们参观学习，新发现的六个图像已经被当地政府部门所保存。

（二）大方千岁衢碑

千岁衢碑位于大方县高店乡白布村小寨洛启坡的羊肠小道上，碑刻在一悬崖绝壁下方。该碑是彝族女政治家奢香夫人的后代，贵州宣慰使安万铨于明朝嘉靖二十四年捐银300两而修建，1982年被贵州省列为省级文物保护单位。

1．碑刻基本情况

千岁衢碑修建于明嘉靖二十四年，系修建大石板衢道而立。道路用时一年便完工，建成后原来的陡峭山路变为大道，老百姓喜出望外，连连称赞："过者，相与仰天祈公寿，愿公千岁。"故而得名千岁衢。为了使后代能够铭记修路事件，刻碑于道旁边的崖壁上。该碑面向东方，碑首呈半圆形，无底座，整个碑中轴线高为176cm，宽87cm，向里凹陷最深处为11cm，碑底离地面距离为65cm（图5-46）。该碑由彝、汉两种文字合写而成共有文字20行，其中碑身左前部书写汉字共14行，阴刻、楷体竖行，汉字的大小为2cm×2cm；彝文共6行，汉字与彝文间距为5.5cm。碑顶端用汉文刻成"福寿"二字，下为"新修千岁衢碑记"字样。目前碑文因年代久远，部分文字已经无法辨认。汉文内容所讲述的大致内容是，嘉靖年间，贵州宣慰使安万铨倡导集资修筑从小寨石桅杆到达大石板衢道的相关事宜和工程完工日期；彝文经过意译，大致简述了彝族之先民勿阿纳的历史以及安万铨筑路的事迹（图5-47）。

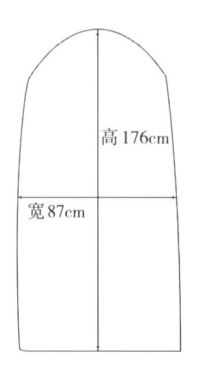

图5-46　千岁衢碑及线图　　　　　图5-47　千岁衢碑彝文局部❶

2. 千岁衢碑文化内涵

大方千岁衢碑的由来，如果从碑文内容表面理解是因为早期从白布小寨到至鼠场乡这条道路陡峭、险峻，村民出行很是不方便，为了解决出行的问题贵州宣慰使安万铨便捐钱修路，以解决交通问题。但是如果仔细研究历史，便可知道修路并非解决出行这样简单，千岁衢碑背后更多折射出的是政治、军事的需要。早在明朝时期，奢香夫人便认识到贵州战略地位的重要，开山修路，将云、贵、湘、川、桂几省分管地区连接在一起，使道路与全国的交通网络交汇，有助于国家的安定。史料记载，曾发生过一次政治事件，奢香夫人和刘淑贞决

---

❶ 丁文江.爨文丛刻[M].上海:商务印书馆出版社,1936:9.

定去京城找朱元璋陈情，以揭发马烨的罪恶行径，并且以"原刊册通险，世给驿使往来"作为报谢，请求朱元璋把马烨捉回朝中治罪，从而在政治上击垮了马烨。奢香归来后，"遂开偏桥，水东，西达乌蒙、乌撒，及自偏桥北达容山、草堂诸境之道，立龙场等九驿于其境内，岁贡马及禀积。自是道大通而西南日益辟"❶。直到其后代安万铨时期，仍然注重道路的修筑，传承了奢香夫人的政治理念，在为百姓解决出行的同时，更重要的是强化了贵州的政治及军事上的地位。此外，自从阿纳在贵州建立自己的基业后，占有了大量的财富，随后成为地方的统治者。在妥阿哲时期，得到政府的认可，自己的地位得以强化。历史上彝族非常重视文化，例如奢香夫人就带头遣子弟到京师入太学，带动了地方教育的发展，同时这些土司的子弟也将彝文带到京城，促进了文化上的交流。又如彝族将火葬改为土葬，一些民歌中也开始出现汉文。民族间的交流团结有利于维护国家的安定，大方衢碑刻上面出现彝、汉两种文字，从中可以看出民族间的相互交流、融合。

碑刻是研究彝族历史不可缺少的重要史料，在大方县已发现和搜集的古近代彝文碑刻已达二百多方，实属彝族文物宝库。中华人民共和国文物局特拨专款修建了"大方彝文碑陈列室"。此外，大方千岁衢碑作为条目也被收录进《中华名胜大辞典》。所以，彝族的碑刻是深入研究彝族政治、文化的重要资料，千岁衢古驿道及摩崖碑刻见证了彝汉民族团结奋斗，共建交通之珍贵史实，是研究彝汉文化交流的珍贵文物。

三、碑刻与制度

制度顾名思义旨在制定条例、规则、章程，进而约束人的行为规范。贵州制度类碑刻内容涉及民规、族规等诸多方面，本节主要以贵定甘塘乡规碑、剑河"例定千秋"碑为例论述制度类碑刻所具有的内涵。

---

❶ 贵州省毕节地区地方志编纂委员会点校.大定府志[M].北京:中华书局,2000:953.

(一)贵定甘塘乡规碑

贵定甘塘乡规碑（图5-48），位于贵定县新巴乡甘塘村入口处的柏树下，立于清道光三十年，青石质，1985年被列为贵州省省级文物保护单位。

图5-48 甘塘乡规碑

1．乡规碑基本情况

贵定甘塘乡规碑碑身通体高113cm，宽53.3cm，厚10cm（图5-49），碑首近似三角形结构，碑身为长方形。"乡规"二字为阴刻，阅读顺序从右到左。其中"乡"字高7cm，宽7cm；"规"字高6cm，宽7cm，"乡"字与"规"字之间的间距为8.3cm。碑文内容按照由上到下，从右到左顺序书写，阴线刻，全文共347字，字间距为1.5cm，字体高2.5cm，宽2cm。

现将碑文主要内容抄录如下：

窃闻朝廷设例禁以警金壬草野立乡规，以□□究古来夜不闭户，路不拾遗者，有由致吾党僻君三庄固多说礼敦诗之士，亦有寡廉鲜之徒，日窃山林五谷，夜盗牛马家财，扰害乡村，人所共恨，爰集各寨耆明人合议乡规，值兹五谷将熟，薄俗宜维使之谷务工业国课早完，由义居仁非风清俗美庶乎，出入相友守望，相助安见，三伐同风之盛不可复见，於斯时耶！是为议：一议课果完开征后即运食米，上仓不得拖欠敢□；一议乡间大小事帮，不得以强欺溺逞刁蛮骗上议乡户、不得窝藏匪徒□引外棍磕害地方；一议盗窃牛马家财各散户自备饭米，追赶捕捉；一议盗窃山林、五谷园圃瓜果者勤拿；一议牛马践踏五谷相地赔还，不准田坎放牧；一议米杆不得乱获；一议各寨卡不得辣虞；一议失主

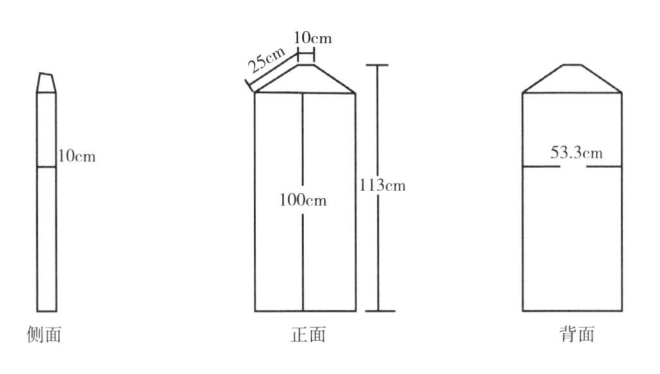

图 5-49　甘塘乡规碑剖面图

被盗拿获送官自备盘缠，不得多派失主，仍照散各户出钱；不得退委披失，五谷甲首亦不得妄摊酒饮。以上条款倘有不遵议者禀官，一共乡户十六在。

道光三十年荷月二十一日立旦。

贵定甘塘乡规碑缘何而立？从碑文内容上看，布依族寨民为了便于管理村寨，防止"寡廉鲜耻"之徒、匪徒偷盗之人祸害乡民，造成村寨的不安定。于是招集各寨有威望的人士协商共同制定乡约民规，以保乡安民为宗旨，约束村民不良行为习惯，创造良好的乡风，维护村寨正常的生产生活秩序，故而立此碑。有关乡约《宋史·吕大防传》曾云："凡同约者，德业相劝，过失相规，礼俗相交，患难相恤，有善则书于籍，有过若违约者亦书之，三犯而行罚，不悛者绝之。"❶可见立乡规作为一种礼俗，旨在劝善惩恶。乡规作为一种行为规范和民约条例教化民众，维护大多数村民的利益，一定程度上也折射了当时村寨的社会生活状况以及寨民的道德观和价值观。

2. 乡规碑内涵解析

贵定甘塘乡规碑从石碑外形以及文字上看似简洁，但从民俗文化史的角度上分析，此碑为我们了解清朝布依族寨村民的民俗民风、生活习性以及文化教育程度提供了实物材料。可以说，乡规碑是见证区域社会文化发展的一面镜子，它体现了布依族文化的基本面貌和社会管理的方式。通过碑文内容，可以一窥

---

❶ [元] 脱脱.宋史：卷三百四十,第三十一册,传七[M].北京：中华书局,1962:10839-10849.

当时村民所具有的文化背景。一方面，村民受教育程度普遍不高。这一点从碑文中出现的错别字可见一斑，其中，"草野"应系"朝野"，"勤拿"应改为"擒拿"，"退委"应系"推委"。虽然这些别字并不影响阅读，也无碍对碑文的理解，但是由此可知当时布依族村民在接受汉语教育的程度上并不高，这与布依族早期历史中教育水平落后有关。另一方面，碑文内容涉及范围甚广。大到偷盗、强欺溺逞、窝藏匪徒等方面，小到牛马践踏五谷都进行了规范，由上可见，当时治安程度比较差，村寨的社会保障亟待完善因此制定了乡规。

甘塘乡规碑的碑文为了解布依族生产、生活方式、赋税情况提供了诸多信息，透过碑文内容可以看到当时赋税的实物主要是米，文中有提到开征后运食米上仓不得拖欠，至于为什么说不得拖欠，拖欠的原因是赋税过高村民无力支撑还是其他方面有待进一步考证。此外，碑文还多次提到牛马，说明当时的牛马应该是家庭财富的主要来源。在碑文开头处写到古来夜不闭户，路不拾遗，说明早期民风十分纯朴，至于为什么会出现盗贼、匪徒这样影响社会安定的事情，有待研究。而且，从碑文内容还可以看到，此地的生产生活方式相对落后，主要依靠自给自足的农耕为主，未出现其他产业形态。总之，乡规碑的出现一方面反映了村民自治村寨的能力；另一方面也表明当时由于此地偏远朝廷无暇顾及，只能由地方有威望的人或者族长自行协商处理相关事务。在贵州类似这样的碑刻还很多，不同的民族所制定的乡规都有自己独特的准则以及实施方式，作为民族史的主要组成部分，没有这些碑刻遗存我们将无法全面认识身处云贵高原的民俗文化。

（二）剑河"例定千秋"碑

剑河"例定千秋"碑是村民无意间从地下挖掘而来，现立于黔东南苗族侗族自治州剑河县南哨乡翁座村小学后方约400米处。碑刻于清朝光绪二十年六月初十日，1982年4月被列为贵州省省级文物保护单位（图5-50）。

1. "例定千秋"碑基本情况

"例定千秋"碑为青石质，近乎长方形，通体高188cm、宽116.5cm、厚8cm。碑首从右到左依次阴线刻"例定千秋"4个大字。其中"例"字高

侧面　　　　　　　　　正面　　　　　　　　　背面

图 5-50　例定千秋碑

10.5cm、宽 9.7cm；"定"字高 11.5cm、宽 10cm；"千"字高 10cm、宽 8cm；"秋"字高 10.5cm、宽 11.5cm。"例"字与"定"字间距为 6.5cm，"定"字与"千"字间距为 8.5cm，"千"字与"秋"字间距为 6cm，"秋"字右边距为 17cm，"例定千秋"4 个字与顶部边距 6cm。"例定千秋"碑底座（图 5-51）同为青石质，高 26.5cm，宽 126cm，底座上并列刻有圆形图案三个。图案直径均为 27.5cm，左边的图案与中间的图案的间距为 5cm，中间的图案与右边的图案间距为 7.5cm。"例定千秋"碑碑文共计 30 行，其中正文部分 26 行，正文最小文字长 1cm、高 0.3cm，最大的字长 3cm、高 3.5cm，字间距为 1.5cm，碑文内容按照自上而下的阅读顺序书写。

图 5-51　例定千秋碑底座图案

现将碑文内容抄录如下:

太子少保头品顶戴兵部侍郎兼都察院右副都御史、巡抚、贵州省等地方提督军务、加节通省兵马衔理粮饷军功、加二级世袭云骑尉曾。铁命二品顶带赏花翎、分巡贵东兵备道兼统黎都上荔各练营总理下游营务处赵。

出示严禁事:照得苗疆粗定,民困未苏,亟应别除积弊,加意抚绥,以作长治久安之计。兹据通省善后总局据署都匀府□守具禀:地方官及土司衙门向有苗民轮流当差应夫如供应器具什物,每遇差使过境,或因公下乡,土司书役,联为一气,勒派夫马、酒食、洋烟,无不恣意苛求,且有营汛弁兵绅团责令苗服役,其弊相等;各路防营见而效尤,遇有移营、樵采等事,亦相率拉夫。似此劳烦民力,□削民膏,实不堪命,应即严行禁革,以安闾阎。除行善后局分移镇道并行各属营遵照外,合行出示严禁。为此,示仰各属地方官绅及营汛员弁、土司、书役、民苗人等知悉:嗣后除主考学院照田派夫迎送外,无论何项差役不得派令苗民应夫供役,一切供应陋规概行革除。倘有仍前勒派索扰情弊,一经查出,或被告发,即行照旧条例,分别究办,决不稍宽,勿谓言之不预也。各宜凛尊毋违!特示。计开条规于后:

——差役奉票下乡,路过之处,不准需索小钱停留,并不准派夫迎送。应到之家,只准一宿两餐。如多带轿兜白役,需索鸡鸭酒肉,即票上无名,妄拿妄锁案开花,坐食多日等事,准其禀官究治。

——结盟拜会,最为乱根,现在奉旨严拿。如该甲内有私称哥弟、□堂老冒等者,准其密速禀官缉办。凡我良民切勿受其飘布保家,已受者准其出首,销毁免罪,但不得挟□栽诬干咎。

——各寨务要设立梆锣,夜间轮流□更,搜查林峒,以防贼盗、失火等事。遇有抢劫重□,无分昼夜闻报,立即传锣齐团,先扎要口迅往捕拿,活擒者照格给赏,不得擅杀干咎。如贼拒捕,当场格毙者不赏,并究明有无已就拘执装点格情事,分别就办。团丁受伤者由官及本团分别酌赏;观望不前者,事后分别罚处。如有籍案抄户、隐匿赃物或有因隔插花,坐视不理者,查出同罪。

——凡遇贼盗劫窃，呼救不及者，后其去后，事主邻右务要潜身窥探，远远相随，看其走向何□，报官缉拿，得实者有赏。

——城乡各寨，照前编联保甲。不准敛钱，庵庙、船店、烟馆不准容留匪人；如有携带妇女、牛马、什物，来历不明，放闷烟贬私钱者，盘查送究，不准得钱卖放，亦不准刁难好人。

——黎平一带隔属，联团谓之联款，嗣后小事不准开款，万一遇有成股贼匪四出窜扰，方准款众齐□抵御。其平日偷窃强抢案件，只由邻近之团料理，俱须送官，不准齐款去河烧杀致死。如再有犯以小事开款者，定即重惩。

——团甲首人等务须秉公持正，毋得假作威福欺平民，遇事科派勒索夫马酬谢，且官只谈公事，如有挟嫌陷人，藉公肥己，并出外妄传官□口语，吓诈乡愚以及包庇应传之人，及恃隔属不令投案，查出革究。

——如有假充委员、书差、兵练，刊刻假印、假示、假照、假扎门牌敛钱等事，查出立捆送官。

——几有成群难民乞丐，不准小寨估讨，只由大寨量其人数给米资遣；停留不准过一日。若有估讨暗偷，恃众滋事者，报明附近汛练弹压驱逐；不准团甲私打私罚。若有强搜人少之家钱米，即以强盗论，捆送地方官究治。其划龙船、看西洋镜、拿黑案、卖假药、游僧野道、异言异报、摇惑人心等类，多系匪人假充，一律驱逐，不准入境，惟善讨乞丐仍听便施舍，不心驱逐，尤不准该团甲等以小报大，借事生风。

——有窝娼聚赌，豢贼分肥，充当躲头，容留面生歹人，截留拐来妇女、牛马、什物，窝留私贩硝磺小钱匪人，并不投团报官，该□一并禀官究治，知情不举，邻佑甲首同坐。

——乞丐病毙及无名路毙，由附近营汛团甲公往看明。无伤者，将其衣履年岁面貌、身上有无疤痣，一一写记，当众措资掩埋，若有冒认尸亲者，照律治罪；其有伤者，必须禀官验究。

——田土不清，准其控告。不准夺牛阻耕。挖水抢获，致干重咎。

——禁止聚众斗龙、擅用火器、带刀横行，违者重办。

同治拾叁年十月二十一日曾示

光绪贰拾年六月初十日赵示

"例定千秋"碑因何而立？史料记载由于清政府对待苗族、侗族百姓较为苛刻，尤其是地方官吏任意增加差役，百姓不堪重负，于是在咸丰、同治年间苗侗百姓发动起义，后受到政府的镇压，起义最终失败。但在一定程度上迫使朝廷改变策略，同治十三年，贵州巡抚曾壁光制定免减夫役条例，以迄维护地方的安定。但由于"山高皇帝远""鞭长莫及"，这一条例未有效落实，人民的困苦未能减少，不堪忍受压迫的百姓在光绪二十年将巡抚曾壁光的公文刻在石上并立于山寨以表达内心的不满。

2．底座图像的释义

"例定千秋"碑底座上面刻有三个圆形的图案，为解读其具体含义，本书从绘制方法上作出分析（图5-52）。

（1）左边的圆形图案由三个同心圆构成，中间的圆形中心由三条横线与三条竖线交叉，形成一个"十"字图案，将圆形分割为四部分，每个部分又分别绘有重复叠加的扇形图案。

（2）位于中间的圆形图案，与左右两边的图形相比较，主要体现在圆形外轮廓与内容结构上的变化。该图形主要由圆形的弧线组成，整个图形有两个同心圆形成一个圆环，在最大的圆形外围分布着不同的点状，其中有八个类似金字塔结构的图形分布在圆形的外面，这些图形相互对称，形成一个"米"字结

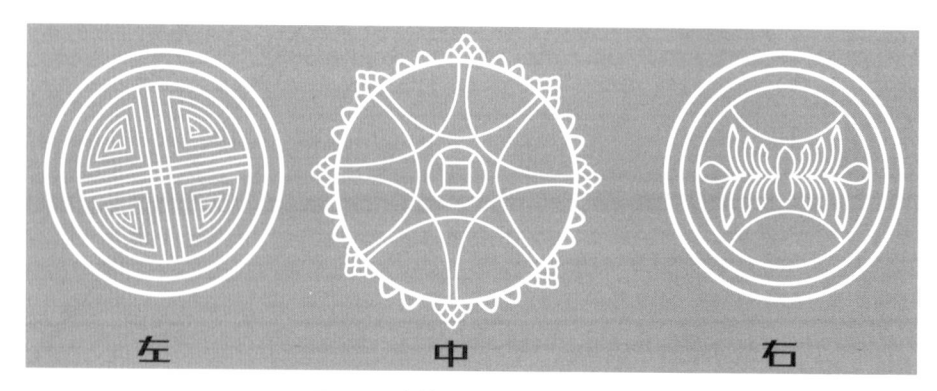

图5-52　例定千秋碑底座图案线图

构。每个图形有6个水滴状的图形结成，最底端有3个，中间2个，最顶端是1个，这六个水滴状的图形合在一起形成一个大的水滴状。每两个大的水滴图形中间分布着两个单体的水滴状图形，一共有16个。圆形上还有8条长的弧线交叉分布，且起始点都在圆上面，这8条弧线好像是8个圆分别被切掉了一半，8条弧线的中心位置上是一个外圆内方的图形，方形的4个点上各有一条斜线分别与圆相连接。

（3）右边的图形图案与左边的图形一样，由三个同心圆构成，圆形内部有2条弧线和一对类似花朵的图形组成，2条弧线如同中间的图案一样，好像是有2个圆形各自被切除一半而形成的，这2条弧分别在圆的上下两端，而中间的图形左右上下皆对称，图形中间类似一个花生的轮廓，在这个轮廓的左右各自分布着由小到大的叶子形状，在最顶端还有一个类似花苞的图形。

以上三个图形之间从结构上看既有相同之处也有各自的差异，左边与右边的图形都有三个圆，中间的图形有两个圆形，这两个圆差别较大，中间的图形与右边的图形内部的弧线相同，只是中间的弧线较多而已。三个图形的共性则都是圆形，不同之处在于各自的内部结构，中间的图案在圆形外轮廓上有规律的分布有似水滴状的图形。在底座上的三个图形虽都有圆形轮廓，但左侧的图案略向上倾斜。这三个图案各自代表什么意思？为什么会出现在碑的底部？

经过查阅相关文献资料结合清朝的装饰纹样，可以推断左边的圆形图案中间的图形为"寿"字。清代顺治时期，寿字经过修改后，多以圆形的方式出现在衣服和其他物品上，主要用于人们内心情感的表达。在顺治、康熙年间，长形篆体寿字的变形写法有百余种之多，用得也最普遍，大体归纳有两类：一是云龙袍料中的龙顶寿字、龙蟠寿字、云龙间散点装饰寿字；二是规矩几何锦纹中加饰寿字、几何锦地上添饰寿字。清代同治至光绪时期在服装或其他生活用品上，圆寿字常作为独一的纹样装饰，形成一种新颖样式，并流行到20世纪初[1]。依据此碑刻的时间以及图案的结构，结合中国古代"寿"字纹样运用的历

---

[1] 陈娟娟.织绣文物中的寿字装饰[J].故宫博物院刊,2004(2):11–14.

史，基本可知例定千秋碑底座左侧圆形中的图案为"寿"字纹样。"寿"字是中国古代传统装饰纹样常含有对生命福寿绵长的表达，"寿"字纹出现在此碑上应意在寄希望于"例定千秋"碑屹立千秋垂之久远，以传后世。

底座中央圆形图案的装饰细节结合图像志可以发现，圆形内部的八边形图案，在侗族刺绣背扇中曾有过近似的表现（图5-53），"背扇由头披和背扇心两部分组成，两者之间用扣绊连接。头披遮风挡雨的功能，四边用粉红、红、绿等色绸料的长方形图案作镶饰，内四角以四幅三角形图案衬托，中心为轮页图案，用银泡及4个直径4cm的圆形银花缀钉成菱形。正中主体的轮页图案似太阳，寓意孩子在太阳的保护下茁壮成长、健康快乐"[1]，其中，轮页的形状呈现出八边形结构。此外，在苗族刺绣背扇（图5-54）上出现过近似的图案，也是由八边形组成。值得注意的是，在"例定千秋"碑底座中间的圆形图案周围装饰了一些形似水滴纹的图样，与侗族绣片上的图案相近（图5-55）。关于在例定千秋碑底座中央圆形周围的水滴状图案，笔者推测或者是写实性刻画，也可能是意在表现太阳纹，镌刻在石碑底座的寓意是希望朝廷颁布的条例能够长久执行，光照后代永保安宁。另外，底座圆形图案正中心刻有一个圆中带方的图样，与清代的钱币造型相似。

图5-53 侗族绞绣龙纹缀银背扇[1]

[1] 李黔滨.贵州省博物馆藏品集[M].贵阳：贵州人民出版社，2013：286.

图 5-54　苗族刺绣背扇❶　　　　　　　图 5-55　侗族绣片❷

　　底座右侧圆形图案内的纹饰以对称的形式组合，根据其形状特点，此处初步推测可能系莲花纹。为什么底座会使用莲花纹样呢？莲花纹在我国装饰图案中有着悠久的历史，莲花又称荷花，佛教将莲花寓意为清净无浊超脱尘世的境界，它也是佛教净土的象征，宋代周敦颐亦有"出淤泥而不染"的佳句赞美莲花。作为纹样，早在春秋时期的青铜器上就已有使用莲花纹作装饰，魏晋时期，由于佛教的兴起莲花随之成为流行的纹饰，广泛应用于建筑、陶瓷、金银器、刺绣之中。此后的历朝历代，莲花一直是常见的装饰纹样。莲花纹作为中国古代传统纹饰，具有独特的文化和艺术魅力，它寓意纯洁、高雅，深受人们的喜爱。例定千秋碑底座使用莲花纹装饰，以莲谐音"廉"，应是表达人们希望官员能像莲花一样出淤泥而不染。事实上，元明清时期，以莲花为装饰的陶瓷器物上"一品清廉"是常见的主题，借喻官员保持一品清廉的节气，两袖清风亲政爱民。

　　贵州作为苗族、侗族的主要聚居之地，"例定千秋"碑真实还原了黔地苗、侗百姓的生活史实。作为历史文献档案，该碑也为研究民族学、人类学、区域史等学科领域提供了不可或缺的文献材料。关于底座上的三个图案，文中只进行了初步分析，还有待进一步研究。

---

❶ 贵州人民出版社. 中国贵州民族民间美术精粹刺绣 [M]. 贵阳:贵州人民出版社,2014:172.
❷ 贵州人民出版社. 中国贵州民族民间美术精粹刺绣 [M]. 贵阳:贵州人民出版社,2014:151.

第三节　题刻和碑刻价值述析

贵州地处西南腹地，民族众多，作为夜郎文明的诞生地，孕育了具有地域特征的民族历史与文化，凿刻于崖壁和石头上的文字便是见证。题刻和碑刻以物质材料为载体，蕴含的信息量十分丰富，即使放置于今天时代发展的浪潮之中，它们对整个社会的经济文化建设仍具有推动作用。

一、史学价值

题刻文字是中国物质文化史上古老的一种记录方式，最早可以追溯到殷商时代的甲骨文。随着人类对物质材料、艺术审美、镌刻技术认识的进步，在山崖岩石上镌刻题写渐渐变成了一种有意识的活动，形成了我们今天所能见到的物质形式——题刻和碑刻。贵州山川众多，为题刻文字创造了优越的条件，这些记录在山岩和石碑上的文字较之纸质文献更便于保存，故而常被视作历史研究的第一手资料，尤其是在研究贵州古代物质文化史的问题上提供了重要的材料支撑，弥补了纸质文献的不足。一方面，贵州有关政治、军事、民族、文化活动的文献记载有限，题刻、碑刻作为物质遗存，为区域史的研究提供了原始材料。例如，福泉高石头摩崖、瓮安偏岩摩崖对征战的详细记录，反映了明清时期政府对贵州地区民族发展政策所采取的特点；另一方面，作为石质镌刻的艺术，题刻和碑刻也是研究文化史、制度史的重要材料来源。题刻中涉及诸多历史名人曾游历于黔地的相关信息，如钱邦芑、谢庭薰、莫友芝等名仕的事迹，不仅丰富了贵州人文历史的文化底蕴，而且借助文人名仕的经历有助于了解古代贵州与周边川、滇、桂等地区的文化交流状况。又如，甘塘乡规碑、例定千秋碑等有关制度的详细记录，对民族发展史和制度史都是重要的补充；总之，题刻和碑刻既是文化遗产又是极具说服力的文字档案，对其深入分析有助于从多重视角观察贵州物质文化的发展状况。

二、书法价值

题刻和碑刻以镌刻为主要技术手段，在文字书写上主要包括汉字楷书、隶书以及彝文等书体。其中欲飞摩崖所用楷书体同时兼具颜真卿、柳公权之笔意，给人气势磅礴之感，风格多样的书风，反映了贵州本土书写者高超的书法艺术水平，是了解贵州古代书法艺术的重要物质遗产。由于纸质实物遗存较少，文献史料又有限，贵州古代书法作品留存较少，题刻与碑刻作为主要材料，对于了解书家、书风、书体来源等问题显得颇为珍贵。值得一提的是，不少摩崖题刻由文人名仕亲自参与，文字内容内涵深刻极富意境，如他山摩崖、禹门山摩崖留下了钱邦芑、郑珍的真迹，而且他们均善书法绘画，并有卷轴画留存于世，摩崖石刻对考证作者的思想、艺术表现特点、继承关系提供了参考。贵州少数民族碑刻也颇引人注目，其中千岁衢碑部分碑文用彝文文字题刻，书写风格独特、线条流畅、笔迹遒劲，突出体现了彝族文字的结构特征，此碑对于了解少数民族书法艺术十分有益。中国少数民族书法有其特定的形成环境，由于不同民族文字诞生的土壤不一样，书体特征、艺术风格、书法章法也各有不同，彝文碑刻恰好为了解彝族文字特点以及彝族书法的渊源提供了一扇窗口。贵州摩崖题刻书风独特，丰富的物质遗存，对中国书法史不仅是有益的补充，透过石崖之书也能一览基于贵州自然山川与人文环境所孕育的书法风貌。

三、美学价值

题刻和碑刻的美学价值主要体现在自然美与人文美，题刻借助山岩自然之势凿刻，丰富了人们的审美体验。其中，文人名仕以颇具简洁的文字抒发精神世界，蕴含了作者对人生、自然所见、所遇、所思之后的深刻理解与感悟，文字、岩石、思想的完美结合，诠释了意境。碑刻依山凿形，可谓是因地制宜。例如拦龙桥碑刻在山崖凿刻石碑，形成了一座生动的山碑形象。最为值得一提的是他山摩崖在石头或崖壁上刻出形象的文字，将山石之形与文字之意巧妙的浑然一体，堪称贵州石刻中自然与人文相结合的佳作。总之，在美的塑造上，贵州山岩崖壁之奇、秀、险、峻在意境的创造中发挥了重要作用。

四、旅游价值

特殊的高原山地环境和多民族聚集的人文环境，形成了多彩的贵州之境。题刻和碑刻本身的物质形态具有的人文景观特征，是极大的旅游开发资源。随着近年来贵州旅游产业的全面推进，将贵州地域文化充分挖掘，实现旅游经济和文化产业的协调发展已成为新的趋势，题刻和碑刻集自然景观、人文景观、历史景观于一体，合理适当的保护与利用，有利于丰富人们对多彩贵州的旅游体验，为公众提供良好的环境教育机会，加强公众对贵州历史文化的了解。同时，也有利于成为独具特色的教育、解释和资源中心。更好地彰显民族特色和地域文化的艺术魅力。

本章小结

题刻和碑刻作为贵州境内遗存数量最为丰富的石刻种类，在贵州人文发展史上扮演着重要角色。题刻和碑刻不仅以其独特的文字形式承载历史，自身的物质表现形态也是一道景观，故有石崖之书的美誉。作为物质遗存，对于两者的认识除了理解其意涵之外，还应充分考虑它们在现代社会发展中所具有的时代价值。

贵州地区的摩崖题刻和碑刻大多数为明清时期，主要采用凿刻的方法制作而成，文字有楷书、篆书、行书、隶及草书等，其中楷书居多，且多以阴刻为主，很少出现阳刻。现存的题刻数量很多，字数不等，内容涉及战争、交通及个人情感表达等诸多方面。贵州的碑刻主要有两种形式：一种是从山崖中剥离出来，经过打磨形成独立的个体；另一种是直接在天然的崖壁上凿出碑的轮廓，并未与崖壁实现分离。碑的形制有圆首形、方形及不规则形，碑刻内容包含修桥、军事、贡茶、条例制度等，在众多的碑刻中，彝文碑刻最为出名，有些彝文碑刻上出现汉、彝两种文字。

总的来说，题刻和碑刻因艺术性强、信息量丰富、民族性浓郁等特征，多个方面体现其价值。然而对于题刻和碑刻的认识不能仅仅停留在物质遗产的历史层面，只有合理地利用这一丰厚的资源，才能增加当代人对历史的理解与尊重，从而增强区域民族对历史的认同感，也只有这样人文历史资源才能得以更好地传承。

第六章

崖壁丹青——岩画

贵州岩画遗存十分丰富，分布广泛。关于贵州岩画，学界亦有深刻讨论，本章在梳理学术史的基础上，根据田野调查过程中所集资料，对贵州几处主要的岩画群展开再观察，在岩画的族属、艺术特征、保护等问题上，提出见解。

第一节　岩画图像分析

贵州岩画自从20世纪50年代发现桃花洞岩画后，直到70年代，伴随着越来越多的岩画被发掘，才引起人们的密切关注。贵州地区的岩画多分布在陡峭的崖壁间以及山洞周围，图像多以动物为主，也有人物与其他符号等图像。这些岩画图像为我们了解早期人类生产生活、交通方式提供了重要的图像资料，本书主要选取九处岩画来进行分析。

一、桃花洞岩画

桃花洞岩画位于六枝特区桃花公园内的桃花洞（原逃荒洞）（图6-1）。考古学家曾在洞内地表获得磨制石器若干件，人类与动物的化石多件。它是介于旧石器时代晚期、新石器时代早期的一处古文化遗址，具有较高的历史文物考古价值。

桃花洞岩画是贵州地区最早发现的古代岩画，岩画主要分布在洞口左右两侧的壁面上，岩画图像为红褐色，主要有人、畜、禽和太阳等图像，如今这些岩画图像已无法辨清。下面对一处岩画图像（图6-2）[1]分析如下。

---

[1] 王良范,罗晓明.中国岩画·贵州[M].北京:中国国际广播出版社,2010:68.

图6-1　六枝桃花洞

图6-2　桃花洞岩画局部线图

该处岩画采用涂绘的方法绘制而成，共有图像9个，其中人物图像3个，动物图像6个。画面左侧的人物形体较为高大，眼睛和鼻子用点代替，头戴圆形高帽，左手中持有一短物，双腿前后分开作行走之势，整个形象显得粗壮有力，从形象推测该图像应该为一男性。紧随其后的是一个身形矮小的人，双臂张开，一脚着地，一脚腾空作旋转状，从姿态上看好像此人正在跳舞，应该为一儿童形象。最后的人物形象，形体高大、纤细，头部呈椭圆形，没有刻画眼睛、鼻子，头上无帽，双手一前一后，一只手有5个手指，另一只手绘有4个手指，双手未持有任何物件，不知是何因造成手指数量上的差别，从图像上分析应该为一女性。另有6个动物形象分布在人物中间，这些动物的形象略小，姿势也不尽相同，有的抬头、有的低头，缓慢向前行走，从形象特征上看并不是同一类动物。从整个岩画图像上分析，此处岩画描绘的应该是一家人正在放养家禽的场景，整个画面氛围显得轻松、欢快。

二、付家院崖画

付家院崖画位于长顺县付家院村后一陡峭崖壁上，共有岩画两处：红洞和白洞。岩画采用涂绘的方法绘制而成，图像为红褐色。两处岩画相距不远，其中红洞处的岩画较多，保存较为完整，而白洞处的岩画受损程度严重。下面就红洞和白洞的岩画图像进行分析。

（一）红洞

该处的崖面长约20m，宽约7m，距离地面约2.3m。岩画主要分布在洞内及洞口四周，有岩画图案一百余个，主要为人物、动物以及一些抽象符号。对该处岩画的图像分析如下。

局部一：该处绘有岩画图像（图6-3）三个。其中人物图像一个，呈站立势，脸部没有刻画五官，肩膀扛有一长物并被双手紧握；人物右侧为一圆形图案，中心呈放射状，有学者认为该图案是鼓，表明人准备击鼓，意味着当时有战争或者有祭祀活动，笔者通过仔细观察发现图像下部画有两条"腿"，结合人物肩上的长物，推测该图像应该是古代的水车，描绘的是一处生活场景；图像下方是一个不规则的图像，可能是当时绘制时出错的缘故，便用色块进行涂抹，其形象意义无法推测。

图6-3 付家院崖画局部

局部二：该处岩画图像（图6-4）中清晰可见有两匹骏马。岩画最上方马的图像采用平涂法绘制，体型相对较小；另外一匹马仅用线条勾勒出造型，并未全身涂抹色彩，它是红洞唯一一个完整用线条勾勒的动物图像，该马体型较大，嘴、眼睛、鬃毛、体毛、马蹄以及马尾都得到详细的刻画，不足之处是整体比例结构显得不太准确，马头过大，脖子过短，马尾巴的表现也不太流畅。此外，在马嘴部下方还画有一匹马，体格较小。从画面情景中可以看出，高大的马好像用嘴在舔小马，可能为母子关系。其余的岩画图像较模糊，无法分辨。

局部三：该处岩画图像（图6-5）主要是人物、动物及一些点状符号。画面下方描绘的是一个拉弓射箭的人物形象，人物形象较为抽象，手中的弓箭除了箭头外，几乎都用点状组合而成。画面上方绘有一个类似"田"字形的图案，中间绘有线条和一些圆点。

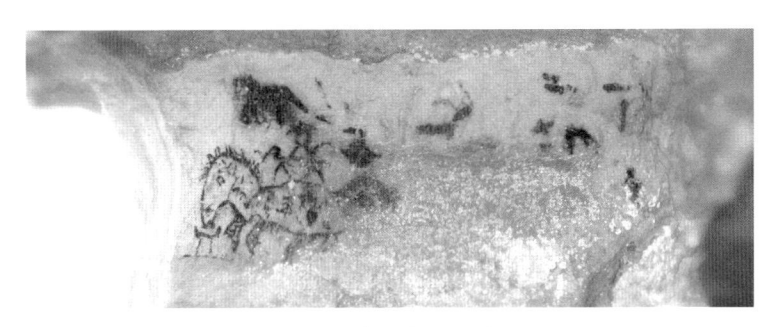

图6-4 付家院崖画局部

图6-5 付家院崖画局部

局部四：该处岩画图像（图6-6）位于一处凹陷的弧形壁面上，图像保存较为完整，描绘的是一幅生动的狩猎图。岩画中间有两个人物形象十分明显：一个手持弓箭的狩猎者正要开弓射杀空中的飞禽；另一个也是狩猎者的形象，猎人正在快马加鞭追赶猎物。其余部分图像为形态各异的动物，还有一些类似动物蹄印的符号。从画面上我们似乎还能感受到狩猎场面的热烈与紧张，画面中人物与动物的比例关系和谐，叙事性较强。

局部五：该处岩画图像（图6-7）主要为人和马。5匹马中有4人呈骑马状，马的运动方向一致，画面中马与人物形象描绘的都较为简单，基本上由线条组合成，特别是马腿和马尾。马腿下面还绘有一条线段，该线条可能是用来表示地面。岩画右上方还绘有一个类似飞鸟的图像。

以上是对红洞处部分岩画图像所做的分析，从中可以看出，每处局部岩画图像都能够形成相对独立的语义内容，可能是前人对每个事件的单独叙述，但也不能排除整个崖洞的岩画是在传达一个整体性且复杂性更强的语义内容，每一个局部的岩画可能只是它的若干组成部分罢了。

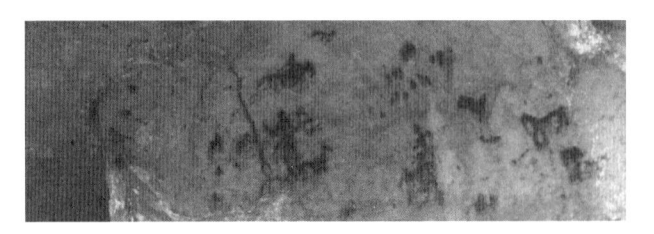

图6-6　付家院崖画局部

图6-7　付家院崖画局部

（二）白洞

该处岩画由于早期有人在此地烧制石灰，岩画被烟熏严重，再加上自然风化的因素致使岩画损坏程度较为严重。现在在崖面上隐约可见：一位骑手、两只飞鸟、一个双手叉腰的人、一个引弓射鸟的人以及一些类似"田"字的符号。

通过以上对图像的分析，我们可以看出付家院岩画画面传达的叙事性较强，除一处岩画图像采用线条勾勒外，其余岩画均采用平涂法。构图上经过了精心设计，绘制者可能不止一位。此外，从岩画中我们可以看出，当时人们的狩猎已从猎杀陆地上的动物转为捕射空中的飞禽，已能将从前狩猎的猪、马驯服为己用，生产力和生产工具有了新的变化。

三、写字崖

写字崖岩画位于长顺县广顺镇来远村北面山崖下方一个半洞穴式的凹槽内（图6-8）。来远写字崖所处的凹槽高约为2.5m，长约为3.5m，进深约1.5m。在凹槽内的石壁上除了岩画外，还有诗句20余处（图6-9）。

图6-8　写字崖

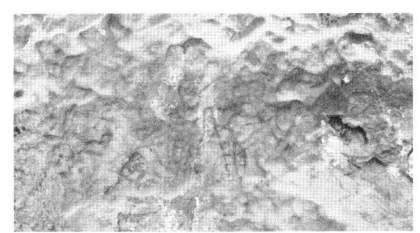

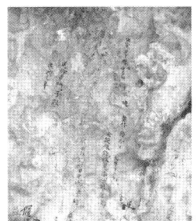

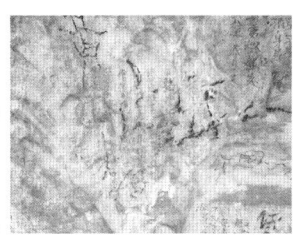

图6-9　写字崖局部

来远写字崖其书写历史源于明洪武元年，止于"民国"十九年，来远写字崖的诗词有助于我们了解这一地区的地貌特征。诸如：

路过池塘□□□，忽遇几位堆□□，指路前求桨水土上，岩内借此穴口然不能成佳句，聊□□傍山边。

从诗句中可以推断该处早期应该有一个池塘。

来远写字崖现存的岩画图像不多（图6-10），且较为抽象。许多岩画被人用笔在上面胡乱涂写，再加上长期受到自然风化的影响，给辨识岩画图像造成了许多困难。

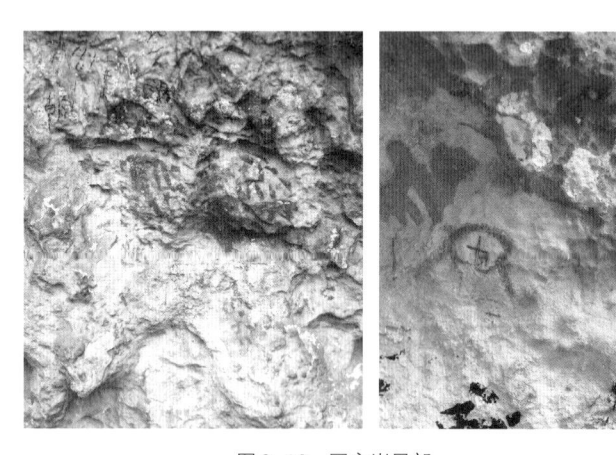

图6-10　写字崖局部

四、牛角井岩画

牛角井岩画位于关岭县板贵乡牛角井村，岩画主要分布在村子附近的崖壁与山洞附近。其中最有名的岩画有三处，均位于村子附近一座近百米高的山崖上，岩画图像分析如下。

第一处岩画位于山崖灰白色崖壁间的平台处，距离地面约10m，它是牛角井岩画的核心部分。岩画主要为四个奇怪的图像（图6-11），似人非人、似物非物，采用涂绘的方法绘制而成，均为红褐色。左边有两个图像，其中一个图像不明显；另一个图像头部呈椭圆形，没有刻画五官，双手向上举，两脚略长，

图6-11 牛角井岩画局部

整个形象呈站立之势，仿佛在作某种仪式；中间的岩画图像线条较粗，头部没有详细绘画，有6条腿且长短不一，呈爬行状；右边岩画图像的身体略长，共有8条腿，该图像与中间岩画图像相比较，除多2条腿外，最重要的是身内部结构较为复杂，身体结构上有"♀"这样的图形。该处岩画暂无法分辨是何物。

第二处岩画紧临第一处。绘有一站立人像和一只狗，呈黑色（图6-12）。人物头部、眼睛和鼻子刻画的较详细，肚子较大，左手中持有一物，好像是一把剑，右手中有一长物，该物上面呈"月牙"形。人物下方画的狗为侧面，绘有双耳、四只脚及尾巴，狗的体格较瘦。此外，岩画上还留有一些没有完成的线稿。

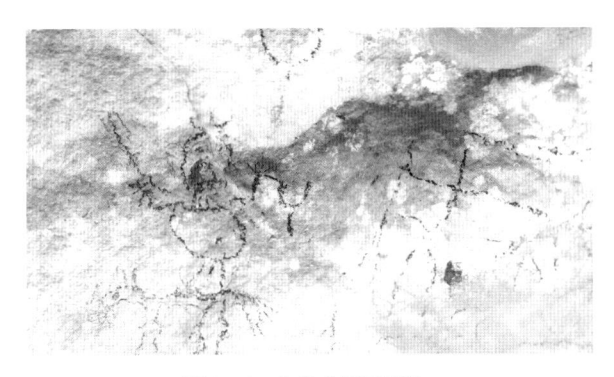

图6-12 牛角井岩画局部

第三处岩画位于第一处崖壁的左侧，除岩画外，还有写于清道光十一年五月的文字（图6-13）。

岩画采用线条勾勒的方法绘制而成，部分有所损坏，图像主要有人头部、站立的人及一些由线条组成的不规则图像。岩画图像如下（图6-14）。

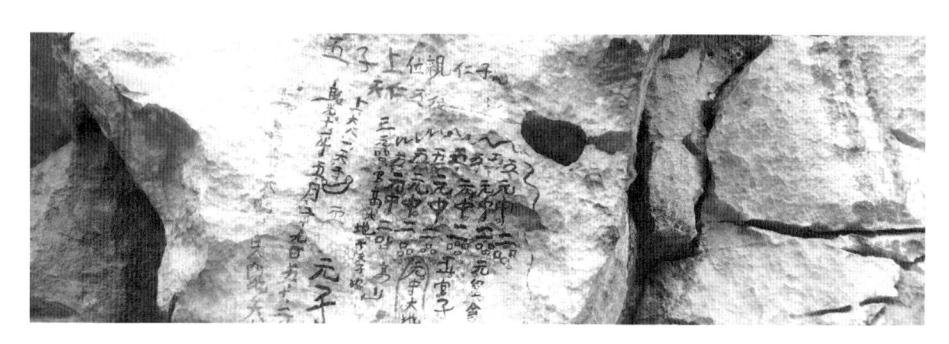

图6-13 牛角井岩画文字

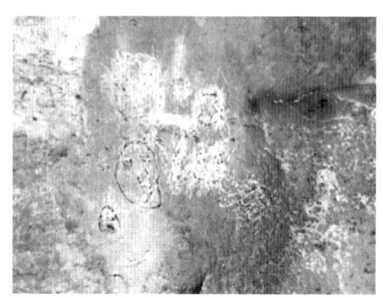

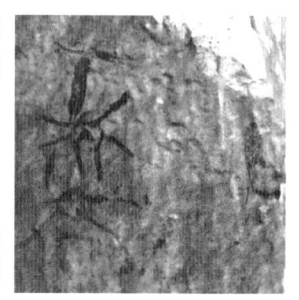

图6-14 牛角井岩画局部

左边岩画绘有人头5个，有圆形、椭圆形及不规则的形状，其中4个人头由线条将其连接在一起，头像上绘有眼睛、鼻子和嘴巴，形象略显稚拙；中间的岩画图像为一个站立的人，头戴帽子，双脚叉开，左手持有一长物，该物上半部分有分支，右手边的画面较零乱无法分辨，该人物身份还有待分析研究；右边的岩画是由线条组成类似"风车"的图案。

此外，牛角井的山洞中还零星分布着一些岩画，由于道路崎岖，加上洞内黑暗，如今很少有人进入洞中，至于洞中的岩画还有待进一步探索。

五、独角坡岩画

独角坡岩画位于惠水县大龙乡长征村道路旁一处山崖上，共有岩画三处，采用涂抹的方法绘制而成，呈红褐色。为了表述方便特绘制线图将岩画的位置进行了标注，主要如下［图6-15（a）］。

(a) (b)

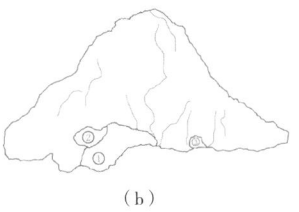

图6-15 独角坡及线图

第一处岩画位置如图6-15（b）线图所示①，主要为人、马、骑手以及一些方格状、点状符号等，其中人骑马的图像最多，马多朝同一方向运动，有跳跃之势。如图6-16所示，有两个骑手和6匹马，形象生动，动态各异，是对生活场景的详细描绘。此外，该处岩画还有一些排列有序的点状图案。该处的岩画图像与付院岩画的图像存在着很大的相同点。

第二处岩画位置如图6-15（b）线图所示②，该处岩画图像相对较少，主要是人、动物和一些类似自然星体的图像（图6-17）。

图6-16 独角坡岩画局部

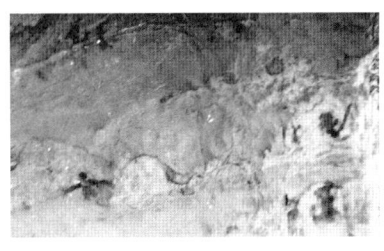

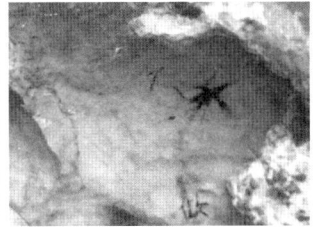

图6-17 独角坡岩画局部

第三处岩画位置如（图6-15）线图所示③，该处洞口高170cm，宽212cm，深150cm。岩画位于洞口内壁面上，数量较少，有三个图形，主要是人物和动物（图6-18）。该处岩画图像线条较粗，图像好像是人骑着动物在奔跑，人物动态简洁，动物头上有一对角且腿较短，不像是马的图像。

图6-18 独角坡岩画局部

六、三妹岩画

三妹岩画位于息烽县温泉乡三交村大元组大塘口南岸，古驿道旁一陡峭崖壁上，整个崖面高约20m，长约46m，崖壁上除了岩画还有碑刻两处以及墨书千余处。碑刻上刻有阿弥陀佛字样，内容与佛教有关；墨书多分布在崖壁的中下部，多为明、清时期书写，文字楷书、草书居多，内容多借景抒情。诸如，"此地名为三妹岩，那边江河顺踏开，理（鲤）鱼要把龙门跳，口见又在左边来。""三友诗书生总时，谁不想你抒内情，美景一时观不尽，权把笔著离汝形。"

三妹岩画采用涂绘的方法绘制而成，共有岩画图像七个，均为红褐色。对岩画的图像分析如下。

局部一：该处有岩画图像（图6-19）三个，人物的眼睛、手势及动作被描绘的较为形象、逼真。

岩画左上方的人像为正面，

图6-19 息烽三妹岩画（摹绘）

头梳发髻，双手上举，盘腿而坐；右侧的人像体形较小，左手持有的物件较为复杂，有许多刺状，右手持一短物，无法分辨是何物；下方是一个躺在地上的人，形象较为高大，一手高举，表情痛苦。从人物的神情、姿势及姿势来看，该处岩画可能描绘的是一次巫术"治病"事件，躺在地上的人应该是一名患者，盘腿而坐的应该是为其治病的"医生"，"医生"身旁的应该是其徒弟，手持某种器物。

局部二：该处岩画共有四个人物图像（图6-20）。岩画最上方的人像头部呈圆形且有发髻，双手略向上举，两腿略向前倾。下方并排站着三个人，中间的人像略大，三者手中均持有相同的物件，值得注意是左右两侧人像双腿的朝向刚好相反。从岩画中人物的动作、体型、图像布局上看，该处岩画表现的氛围欢快，可能是正在做一场庆祝活动。

息烽三妹岩画虽然图像较少，但是岩画上的人物形象与其他地区的形象存在着很大差异，该处图像好像描绘的是同一件事件过程中的不同场景。

图6-20 息烽三妹岩画（摹绘）

七、画马崖岩画

画马崖位于开阳县平寨乡顶趴村，岩画主要分布在小丫口和大丫口，岩画为红褐色，开阳画马崖的发现具有极大的考古价值和研究价值，以下将对岩画的具体内容进行分析。

（一）小丫口

小丫口是开阳画马崖的主要绘画区域，由于自然风化的原因，现存的许多图像已经模糊不清，其图像主要如下。

局部一：该处岩画图像（图6-21）共有四个。位于最左边的形似一个冉冉升起的太阳，笔触随意自然，太阳的光辉由短小呈发射状的轮廓线组成。中间是一个未闭合的不规则矩形，有两横两纵的线条将其进行分割，有可能是对当时居民聚居地的一种地形规划表示；右边是两个人物像，均为侧像，双手作揖，人物的头与身子比例合理，双腿显得粗壮有力。通过图像人物的姿势来看，岩画体现出的是人们交往中的文明礼节，表明社会的文明程度高。

局部二：该处岩画图像（图6-22）共有七个，其中有两个图像已经模糊不清，无法识别。左侧是一个抽象性的图像，描绘的是一个近似椭圆的图案，有一个箭头状的符号从椭圆内凸出，椭圆被没有规律的线段做了一些分割，这可能是一幅指向性的地图，箭头状的符号标明目标所在方位，对狩猎者起到一个引路的作用；位于中间的岩画描绘的是两个人和一匹马。从岩画图像的动态看，人物双臂挥舞，双腿呈现跳跃之姿，马的刻画并不十分严谨，头、身子以及姿势动态的描绘较弱；岩画右侧的人物图像的动态及比例关系已经成熟，从动态来看表现的是欢呼跳跃的场景，可能描绘狩猎成功或者是生产丰收时的庆祝景象。

图6-21 开阳画马崖小丫口岩画局部线图

图6-22 开阳画马崖小丫口岩画局部线图

局部三：该处岩画图像（图6-23）主要有四个，分别是动物及三个太阳状的图形。左边的动物，从体态及头部的角度看，应该是鹿的形象，可能当时鹿已经开始成为狩猎的对象。其余三个太阳状图像，它们有一个共同点——太阳的轮廓线较宽，中心为空白；而描绘太阳光芒的线条多为曲线，类似火焰状，岩画整体形象被描绘的十分生动、形象。

（二）大丫口

大丫口岩画图像较少，而且许多图像已无法辨清（图6-24）。岩画图像主要包括类似太阳的图案、动物、星体图像等。大丫口岩画中的一些类似太阳的符号，绘画较为粗糙，但是星体图像的刻画较细致，每一个角度都非常锐利，且中间有不同线条的刻画。

图6-23 开阳画马崖小丫口岩画局部

图6-24 开阳画马崖大丫口岩画局部

八、花江崖壁画

花江崖壁画位于关岭县花江区普利乡下瓜村一处山崖上,岩画采用涂绘的方法制作而成,色彩为红色。目前岩画内容能够辨认的并不多,其图像主要识别如下。

局部一:该处岩画(图6-25)能够辨认出七个图像。画面中有两匹奔跑的骏马,最前方的马背上有一骑手;小圆点组成的两个不规则扇形图像位于两匹马中间,马后面绘有一个非常小的人物图像,双腿叉开,一手指向马匹奔跑的方向。

局部二:该处图像(图6-26)隐约能辨认出四个图像。三个大小不同的人像,头戴高帽,人物前进的方向与马匹前进方向的一致。该处岩画描绘的内容很有可能是某处要举办一场集市活动,人们正带着牲畜前往目的地。

局部三:该处岩画图像(图6-27)有四个,两个人物和两个呈"斗"状的图像。两个人物形象一大一小,人物动作相似,均有一手朝向身旁的物像。岩画中的物像很可能是先民在此地祭祀时向神明供奉的祭品。

图6-25 花江崖壁画局部线图

图6-26 花江崖壁画局部线图

图6-27　花江崖壁画局部

九、官渡崖刻

官渡崖刻位于赤水市官渡镇麻迁边的公路旁（图6-28）。岩画图像采用凿刻的方法而成，面积不大，主要有人物、战车、弓箭、鸟兽虫鱼及一些抽象符号。

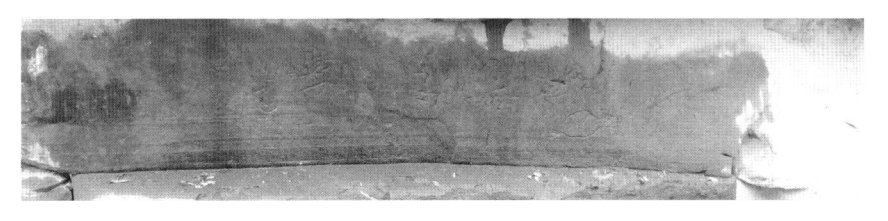

图6-28　官渡崖刻

第二节　相关问题探讨

岩画年代确定的方法有多种，但无论是通过碳-14检测还是通过题材及风格上的分析，都无法得出一个圆满的结论。关于贵州地区的岩画年代问题已有相关学者进行了探讨。王海平将开阳崖画的年代定为明代中期[1]；王良范和罗晓明认为贵州地区的岩画大约产生于战国至宋明之间，其盛行可能在唐宋[2]。学者间的结论也存在很大的争议。依据现有的条件本文也无法给贵州岩画的年代作

---

[1] 王海平.开阳崖画的年代和族属试探[J].贵州文史丛刊,1991(2):149-151.
[2] 王良范,罗晓明.中国岩画·贵州[M].北京:中国国际广播出版社,2010:182-190.

出一个令人十分信服的答案，固而不再对岩画的年代展开探讨分析，文中主要对岩画涉及到的族属及其他相关问题提出一些的见解。

一、族属问题

贵州地区研究岩画的主要代表人物是王良范和罗晓明二位学者，他们在《中国岩画·贵州》一书中指出："在贵州岩画发现区从古到今生活的民族至少有四个，分别是仡佬、布依、汉、苗（彝族、俚人等因太少故在此忽略不算）。到底哪一个民族可能是这些岩画的主人呢？我们认为首先可以排除的是汉和苗。其理由是古代（以岩画的年代战国——宋明为限）在岩画分布地域内汉人和苗人只是极少数，且都是由外面迁来的，苗人迁入则更为晚一些。在苗族比较集中居住的黔东南、黔西北地区没有听说有岩画的发现……那么对贵州岩画族属的推测定位在仡佬族及其祖先濮僚人身上大概是合适的。"❶ 书中得出的结论是建立在苗族居住地没发现岩画的基础上。如今在苗族居住的黔东南、黔西南地区都有大量的岩画被发现，如黔东南的丹寨县、黔西南的安龙、册亨等地。新岩画地点的发现有助于我们去重新思考贵州地区岩画是否为濮人或者僚人所绘。

同时，考察中发现牛角井有一处岩画与贵州其他地区的岩画在图像上存在较大差异，该处有四个似人非人的图像，形象十分诡异。这些图像在贵州地区从未出现过，牛角井岩画与贵州其他地区的岩画并非为同一时间内所绘制，因此在族属问题上由于资料有限难以作出具体的判断。

二、马的图像

在贵州岩画的图像中马的形象较为频繁，如付家院的岩画中就存留了关于马的图像，岩画中马的形态各异，有静态也有动势。历史上贵州是产马与茶叶

---

❶ 王良范,罗晓明.中国岩画·贵州[M].北京:中国国际广播出版社,2010:178.

的重要地区，经常与四川、云南等地进行相关贸易活动，据《明实录》记载："命户部于四川、重庆、保宁三府及播州宣慰使司，置茶仓四所贮茶，以待客商纳米中买及与西番商人易马。"其中播州即指今天贵州的北部遵义地区，西南地区盛极一时的茶马古道便是由此而来，从现存的古遗道也可以看到茶马互市的踪迹。此外，明朝播州还曾多次向朝廷贡马，《明实录》记载颇丰，《明实录太宗实录》记："播州宣慰使司宣慰使杨昇、贵州宣慰使司宣慰使安卜葩，遣人贡马各四十匹俱赐白金绵绮。"《明实录世宗实录》提到："播州宣慰使杨相遣长官韩晞等，来朝贡马贺万寿圣节。"《明实录穆宗实录》也记有："贵州宣慰司土舍安国亨遣土目安和等，播州宣慰使杨烈遣土目赵士贤等各来朝贡马。"马在古时候是重要的交通工具，特别是在山峦众多的贵州，马为驮运和出行提供了极大的便利，而岩画出现马的图像也是当时社会生活、交通方式的反映。

三、记事

贵州地区的岩画除了绘制马之外，还出现其他的图像，诸如人、鸡、鸟、太阳、树等形象，有些岩画为群组式的，涉及的内容较多，是生活中某个重要时刻的描绘。在没有文字出现前，古代社会对生活中的事件采用绳子打结等方式来记录，而岩画也是出于记事的一种方式，六枝桃花洞的一处岩画就表现了一户人家放养家畜的生活场景，此外还有一些岩画中有舞蹈的场景出现，众人聚集在一起，这些岩画都是对于生活中一些事件的记录。

第三节　岩画的艺术特征

岩画作为人类早期的原始艺术，从图像造型上看虽显得有些粗糙和简单，但仍不失生动的趣味性。这些艺术涉及原始人类的生产生活、社会结构及社会文明等方面的信息，凝结着人类早期的智慧。贵州地区的岩画分布相对较为集中，所处环境优美、图像丰富、手法多样，下面主要从岩画与环境、艺术与技术两个方面进行阐述。

一、岩画与环境

早期由于人类的生产能力低下，生存空间和生活用品主要来自于大自然，人类活动与环境存在着密切的关系，同样作为人类活动的足迹——岩画，与周围环境也存在着紧密的关系，岩画地点的选择一方面是源自其功能的需要；另一方面源于绘画者心理的需要，良好环境有利于绘画者实现创作目的。贵州已发现的岩画大多数处于陡峭的崖壁间及可以遮风挡雨的山洞周围，至今，还没有在特别深的山洞中发现遗存的岩画。

环境的选择和岩画的功能是相互作用的。那些和周围环境协调一致的岩画，能够使其初始的功利目的得到更加完满的实现。这种实现的结果，又不断地影响着人们，人们感受到艺术和环境在空间中的和谐一致，并且在狩猎、舞蹈、祭祀等活动中又不断地使这种感受得到强化，促进艺术和环境的审美关系达到了观念的认识，从而丰富了人们的精神生活❶。贵州大多数岩画所处的地理位置都应是经过精心挑选的，岩画周围的自然风光优美，视野十分开阔，人们站在这里内心能够生起对大自然的崇敬之情，诸如花江岩画周围风景秀丽，气候宜人。岩画与周围的环境结合在一起，可以使今天的观者透过图像管窥出此地早期发生的历史事件。

二、艺术与技术

对岩画的认识除了图像外还应该注重其制作技术，技术是这些岩画艺术不

---

❶ 陈兆复.中国岩画发现史[M].上海：上海人民出版社，2009：355-356.

可缺少的组成部分。不同技术的选择会产生不同的美感,技术也是人们日常生活经验的总结。我国岩画的制作技术各有不同,北方与沿海地带的岩画多以凿刻法为主,如内蒙古、新疆、青海、福建、台湾等地;而南方的岩画则多以涂绘法为主,主要是集中在贵州、广西、四川及云南等地。

贵州已发现的岩画中,从制作技术上讲主要是凿刻法和涂绘法两种,涂绘法所占的比重较大。凿刻法主要是用石器或者金属工具在崖壁上刻画而成的图像,官渡崖刻和红崖天书这两处岩画采用的便是凿刻法,图案数量相对较少。

涂绘法一般用较软的工具蘸取调和过的颜料进行绘制,贵州地区的岩画为红色,暂无发现有其他颜色的岩画。诸如开阳画马崖、长顺来远写字崖、付家院崖画、三妹岩画等无一例外都是红色,属涂绘类岩画。

需要指出的是,牛角井岩画有一处岩画是黑色,其图像主要为一站立的人和一条狗。经过仔细分辨后,发现这些图像上面还有红色的印迹,至于为什么会出现红色,很可能是古人在绘制图像前先用黑色勾勒图形,然后再用红色进行涂绘,只是该处岩画不知何因而未能完成,固留有红色的痕迹,因而不宜将该处岩画视为黑色岩画。

第四节 发现与保护

由于岩画所处的环境多系天然形成的山岩峭壁之中,长期经受风雨的侵蚀,岩画图像不可避免的会出现剥落与破坏,因此保护岩画就显得十分重要。我国岩画发现的数量众多,再加上岩画多处于山洞及陡峭的崖壁上,一定程度上增加了保护工作的难度,贵州地区的岩画也面临同样的问题。从目前调查的情况上看,贵州境内的岩画受损原因主要来自两方面:一方面是自然的因素,主要包括风化、日照、酸雨及山体自然塌方等;另一方面是人为的破坏,由于保护意识薄弱,在一些偏僻山区的岩画上不乏出现人为随意涂抹的行为。

贵州地区的岩画大多数裸露在崖壁上，长时间受到雨水洗涤及日光的照晒，许多岩画的色彩已经减淡。而人为因素的破坏，在贵州岩画中也时有发生。如官渡崖刻岩画处在公路旁边的岩石上，经常有汽车从边上行驶，长时间受到车辆震动及尾气排放的影响，使得部分岩石出现松动，岩画经常被灰尘覆盖；而长顺来远写字崖和独角坡岩画被人为性的涂写文字；更令人惊叹的是，开阳大丫口岩画，由于开山筑路，崖壁受损严重，有一些岩画已经被机器挖掉，长期下去这些岩画将会消失在历史的长河中。

从上面的情况可以看出，人为因素对岩画的破坏程度较大，这表明在某些地区人们对岩画的重视程度不够，没有形成良好的保护文物的意识，这有必要引起文保部门的足够重视，毕竟岩画一但受到损坏那就无法将其复原。还需要政府机构在加大力度保护岩画的同时，提高群众爱护文物的意识，只有通过政府和群众的共同努力，才能为古代先民留给我们的"活化石"提供更好的生存空间。

本章小结

岩画作为人类历史上最为古老的记事方式之一，见证了时代的变迁，它用图像的方式向人们讲述着人类生产生活的事件。今天在贵州地区所发现的大量岩画，是了解贵州古代物质文化史的一扇窗口，这些具有贵州地域特征的岩画图像，一方面有助于掌握贵州岩画的特点与制作技术；另一方面也为我们分析研究贵州早期先民的生活方式、社会结构与审美思想提供了供了资料。岩画作为贵州珍贵的文化历史档案，所蕴含的文化价值是极其丰富的，包括民族学、人类学、艺术史等多个领域。因此，作好相关的研究与保护工作是大家共同的责任和义务。

结　　语

贵州摩崖石刻内容丰富、数量多、体系较为庞大，是贵州人文历史遗产的重要组成部分，对其进行细致的研究十分必要。基于实地调查，课题研究内容主要包括造像、题刻、碑刻及岩画四个方面。关于贵州摩崖石刻的图像学研究，本书得到的结论主要如下。

（1）造像方面。首先在绘制大量线图的基础上对造像编号并进行了分析。第一，对望仙台石窟造像中的三尊佛像的身份重新给予考证；第二，对两会水寺石窟造像的目连身份进行分析，其造像风格样式是对川渝两宋石刻造像风格的继承和借鉴。第三，对葫市造像的特点进行了解析；第四，就石鹅咀造像的相关问题进行了探讨。

（2）题刻、碑刻方面。一方面对题刻的内容进行了分类整理，并就相关文化内涵进行了阐述，涉及到的主要内容有传说、征战与名仕三方面；另一方面对碑刻与风土、交通及制度等方面进行了阐释，并对其中蕴藏的文化作了一一探讨；最后，就题刻和碑刻所蕴含的价值作了相关述析。

（3）岩画方面。首先对岩画图像进行了分析；其次就岩画存在的相关问题展开了探讨。在族属问题上，以苗族居住地发现岩画为例，重新审视了贵州岩画的族属，认为岩画并非前期学者研究的单一民族，而具有其他民族的可能性。此外笔者还对岩画图像中所表现出的一些事件作了相关探讨；最后，就岩画的艺术特征、发现与保护等方面进行了阐述。

通过对摩崖石刻展开的调查，在研究中发现关于贵州摩崖石刻值得思考的地方确实还很多，这必然与摩崖石刻涉及面广、遗存丰富、内涵深刻的特点有关。然而由于时间、材料以及能力所限，无法对贵州区域内的所有摩崖石刻作全面深入的研究。本课题虽为冰山一角，但亦是笔者在现有材料的基础上付诸最大努力所收获的一点研究心得，希望课题成果能够助益于学术史的推进。对于笔者而言本课题只是研究的开端，特别是随着一些新材料的出现，更加拓展了我们的研究思路，如拦龙桥在拆除的过程发现的不同的图像，这些新材料有助于推动相关研究的深入，在今后的工作中笔者还将不断关注贵州摩崖石刻的相关研究案例，继续进行更深刻的思考与学习。

附录：考察列表

编号	名称	地址
1	习水望仙台石窟造像	遵义市习水县三岔河乡丹霞谷旅游开发区
2	两会水寺石窟造像	赤水市两河口乡一陡峭崖壁的半山腰上处
3	葫市摩崖造像	赤水市赤水镇葫市滩右岸石壁上
4	石鹅咀摩崖造像	赤水市旺隆镇朝阳村一陡峭崖壁上
5	晴隆"欲飞"摩崖石刻	晴隆县莲城镇西街村西飞凤山（县二中后面）半山上
6	遵义禹门山摩崖	遵义县新舟镇沙滩村西禹寺庙后的小路上
7	兴义"西南屏障"石刻	兴义市捧乍镇小学门口街头
8	拦龙桥摩崖碑刻	六枝特区新场乡拦龙桥下游河滩右边一处巨大的灰岩上（据当地人介绍该碑现已被水淹没）
9	余庆"他山"摩崖	余庆县松烟镇松烟村西南一山崖上
10	福泉高石头摩崖	福泉县城北6公里茅沟堡小学后方约300m处
11	瓮安偏岩摩崖	玉山镇龙蟠村（原思梨坪）外的一处陡峭崖壁下面
12	花溪"是春谷"摩崖	花溪区小碧乡大地村铁路边的一个山崖上
13	贵定仰望抗贡碑	黔南布依族苗族自治州贵定县平伐镇仰望村口处的亭子下
14	兴义查氏宗祠碑	兴义市则戎乡纳具村老村委会右侧一亭子下面
15	大方千岁衢碑	大方县高店乡白布村小寨洛启坡的羊肠小道上
16	贵定甘塘乡规碑	贵定县新巴乡甘塘村村口柏树下
17	剑河"例定千秋"碑	剑河县南哨乡翁座村小学后方约400m处
18	荔波瑶麓乡婚规碑	荔波县瑶麓瑶族乡民族小学门口（现博物馆内）
19	关岭关索洞摩崖题刻	关岭政府后山的崖壁上
20	敕赐梵净山重建金顶序碑	印江梵净山金顶东北500m处
21	毕节七星关摩崖	毕节市西南45公里的七星河壁上
22	六枝桃花洞岩画	六枝特区桃花公园里的桃花洞（原为逃荒洞），该洞现已封

续表

编号	名称	地址
23	写字崖	长顺县广顺镇来远村北后山腰上
24	长顺付家院崖画	长顺县威远镇付家院村后一山洞附近
25	息烽三妹岩画	息烽县温泉乡三交村大元组大塘口南岸古驿道旁边
26	安顺红崖天书	关岭县断桥乡龙朝寨的晒甲山
27	牛角井岩画	关岭县花江区板贵乡牛角井村的山崖上
28	花江崖壁画	关岭县花江镇普利乡下瓜村一山崖上
29	惠水独角坡岩画	惠水县大龙乡长征村道路旁一处崖壁上
30	官渡崖刻和岩墓	赤水市官渡镇永安村麻迁边的公路旁
31	龙里巫山岩画群	贵新高速公路大干沟大桥以北
32	开阳画马崖	开阳县高寨苗族布依族乡平寨乡顶趴村

后记

最初,我是只身一人外出收集所需的图像资料的。由于田野调查的经验不足,有时候一个地方反复几次,记得第一次考察拦龙桥碑刻时,请学生帮忙作向导,到现场拍了些图片资料就返回,在整理资料的时候才发现没有对相关的数据进行测量,当时也没有想到要准备尺子、绳索等工具,只好再次前往。随着外出次数的增加,深切感受到户外面临的实际情况比自己想像的要复杂,这些摩崖石刻大多位于荒山野岭间,想要准确找到方位十分困难,即便找到,有时想要获取一些有效数据,仅靠个人的力量还是很有难度,于是便有了找一个帮手的念头。

具体是什么时候认识吕技的已经记不清楚了,只知道他想到乡下看看别样的风景,体会一下与众不同的风土人情,于是就结伴前行。依稀记得在去花江考察时,他从一位出租车师傅口中得知当地有特色小吃,非要前去品尝一番,我们各自分工,并约定在饭店见,最终他花了100元购回小吃一份,看见他提着买回的小吃,丝毫不见最初的兴奋之情,理想中的小吃与现实的差距较大,那次他买的小吃我一口没动。其实考察的途中何尝不是如此,有时候怀揣满满的希望最终连影子也难以觅得,有时失望之际,又峰回路转,如同王维诗中所述"安知清流转,忽与前山通"。

有一次去贵阳,事先在网上查好了摩崖石刻所处的相关位置,到贵阳汽车站后没有找到去"是春谷"的车,又迫于时间,只好徒步到前往"是春谷"摩崖。边走边询问，几经周折达到"是春谷"摩崖所在地，拍照、测量、记录后，又绕道前去龙里巫山岩画群，到达巫山岩画群的时候天色渐暗，我急忙加快步伐沿小道到达水库旁，望着被烟熏黑的崖壁，又加上天色暗淡，岩画难以看清，此时的自己因为一天都在赶路，早已饥饿难忍，望着山间流出的泉水，一下子爬在地上喝了个饱，方才离去。另外一次，一人前去收集岩画资料，在山脚下热心的村民告知岩画所处的方位，自己沿着山路前去寻找，不曾想途中山路出现分叉口，徘徊之际向山顶望去，望着"一模一样"的大山，知道自己"迷"路了，竟然不知道哪一座才是自己要找的，只好下山重新"认识"目的地。为了吸取上次的教训，这次自己就从山脚下正对着要去的山顶"直线"前行，相当于开辟了新的道路，穿梭在荆棘之中，几次想要放弃，内心反复挣扎最终又咬牙前行，下山后天色已暗，早已没有回城的车，好在村民"收留"一晚，第二天一早便继续赶路。

让我难以忘怀并深感惭愧的是去剑河县南哨乡翁座村收集"例定千秋"碑的相关文件资料，计划当天去当天回，到了南哨乡才知道平日里没车去翁座村，村民一周会出来赶场一次。还好去的当天恰好是村民赶场的日子，又路遇"贵人"，自己得以幸运地坐上了回村的车。当汽车穿梭在山林之间，我才知道路程之遥远超出我的想像，到村口天色已经晚，好心的司机说我是"外地人"，难得来一次，没有收取"车费"，并邀请到家里休息，最后我去了另一位村民家里，晚上的菜丰盛，睡的也香。次日，拍完照片收集好资料，便独自一人沿着大路返回，途中遇到几个去南哨乡上学的小姑娘，她们认识"小路"能够节省时间，就这样结伴而行，后来这几个小姑娘说怕我走路累，"招唤"来了两辆摩托车，就这样我们一起到了南哨乡。当年发生的一幕历历在目，让我特别感动，同时也让自己自责的是当时匆匆上车返回，没能表达自己的谢意。借书籍出版之际，向他们深表歉意，并感谢大家对于一个"外地人"的真诚付出。